新边界 新世界

文字的发明和起源

九种神秘文字讲述世界历史

[意]西尔维娅·费拉拉 —— 著

周梦琪 —— 译

Copyright © Giangiacomo Feltrinelli Editore, Milano. First published in November 2019 as "La grande invenzione" in Varia by Giangiacomo Feltrinelli Editore Srl Milano. The Simplified Chinese edition is published in arrangement with Niu Niu Culture Ltd.

图书在版编目（CIP）数据

文字的发明和起源：九种神秘文字讲述世界历史／（意）西尔维娅·费拉拉著；周梦琪译. -- 重庆：重庆出版社，2025.3. -- ISBN 978-7-229-19023-1

Ⅰ. H02-49

中国国家版本馆CIP数据核字第2024C77Z71号

文字的发明和起源：九种神秘文字讲述世界历史
WENZI DE FAMING HE QIYUAN:JIU ZHONG SHENMI WENZI JIANGSHU SHIJIE LISHI

[意]西尔维娅·费拉拉 著　　周梦琪 译

责任编辑：彭昭智
责任校对：刘春莉　朱彦谚
封面设计：李南江

重庆出版集团 出版
重庆出版社

重庆市南岸区南滨路162号1幢　邮政编码：400061　http://www.cqph.com
重庆出版社艺术设计有限公司制版
重庆国丰印务有限责任公司印刷
重庆出版集团图书发行有限公司发行
全国新华书店经销

开本：890mm×1240mm　1/32　印张：8.625　字数：250千
2025年3月第1版　2025年3月第1次印刷
ISBN 978-7-229-19023-1
定价：79.80元

如有印装质量问题，请向本集团图书发行有限公司调换：023-61520678

版权所有　侵权必究

前言

我读五年级的时候，老师在黑板上写下了一些我从未见过的奇怪标志。那是1986年的一个春日，十岁的我几乎不会阅读，我的文化水平落后于其他同龄孩子很多。对我来说，学习写字是一项漫长而艰苦的任务。

但就是那幅场景，不知不觉中在我的生命里留下了深刻的印记。我记得当时那位老师穿着一件白色的连衣裙，连衣裙的颜色和黑板上粉笔痕迹的颜色一样。她写下了α（阿尔法）、β（贝塔）、γ（伽马）。我试图去破译它。在生活中，很少有这样的时刻，别人的某个行为占据了你全部的注意力，并且记忆历久弥新。在之后的多年里，我的记忆不断被刷新、模糊，记忆中的细节也常常被磨平，但那些涂鸦却像用刀刻在我的记忆中一般。三十年过去了，我仍然能听到粉笔在黑板上摩擦发出的嘶嘶声，那些希腊字母也深深地印在我的脑海里。当时的我还不知道以后会毕生致力于这项事业，致力于破解世界上各种各样难以辨认的符号、研究它们为什么会具有现在的形态以及它们可能有什么样的含义。我也不知道我会在生活中尝试去破译它们。

这本书的内容既不是关于古希腊语的，也不是关于字母表的，更不是一堂历史课，但它可以说是一个关于世界上可以称之为最伟大的发明的故事。说它是一个故事，是因为它的情节有开场，包含一段环游世界的旅程，跌宕起伏，但结局还有待续写。

文字是世界上最伟大的发明。没有它，我们都只是零散的声音，只存在于当下。我们最坚实、最深刻的部分融合在记忆中，我们渴望将它锚定在某个稳定的事物上，被保留下来，因为我们深知人类的时间是有限的。这本书讲述了留存的迫切性，与他人的联系，以及我们与自己的对话。这本书讲述了文字的发明与起源。

然而，这个故事的主角不仅仅是文字，也不是发现或破译它们的人。故事的主角是我们，是我们的大脑，是我们与周围生活交流和互动的能力。文字是需要探索的领域，但它也是人类观察世界（语言、艺术、生物学、几何学、心理学、直觉、逻辑）的"滤镜"。这个故事讲述的是我们自己——能够感受、接收和触动情绪的人类。书里展开的是一段从未被讲述过的旅程，由远古的智慧灵感、当今的科学研究和未来文字可能带来的模糊而不可预测的影响组成。

目录

前言　　　　　　001

1　幕后花絮
故事　　　　　　003
自然　　　　　　011

2　未被破译的文字
岛屿　　　　　　025
克里特岛　　　　027
塞浦路斯　　　　044
复活节岛　　　　058

3　被发明的文字
城市　　　　　　077
法老时代之前　　093
两河流域　　　　107
中国龟甲　　　　120
大洋彼岸　　　　131
故事完结　　　　144

4　实验
传统　　　　　　151

   孤独的发明家 156
   孤立的分支 171
   社会发明家 192

5 **发现**
   从哪里出发 207
   如何破译 224

6 **伟大的构想**
   从前 241
   后来 250
   明天 257

   后记 263
   插图来源 267

1 幕后花絮

故事

小说

  人类喜欢编造故事。动物世界里的狒狒，虽然过着非常有趣的生活，但终其一生，也只花费10%的时间来理解、接收和模仿他人的行为，其余时间都用于觅食和进食。

  然而我们人类花费时间的百分比则是相反的。我们会花费非常多的时间去了解别人：设身处地地考虑问题，共情，揣测他人的情感和意图。人类的这种特征一直是推动社会智力发展的动力。当然，这其中还有其他因素在起作用。但是，人类是唯一能够发挥想象力的物种。每天我们都会创建一些真实存在的、极有可能会发生的、可能会发生的、完全不可能发生的或是荒谬的场景，这也就构成了小说背景广泛而无限的可能性。

  我们会创建自然界中不存在的事物，例如一些符号，还有故事、法则、机构等。所有这一切都是虚构的，而一切展开又都围绕着信息的交流：讲述，建立同盟，构建和破坏社会平衡，流言。

但是，这其中遵循一个规律。相关研究表明，生活在卡拉哈里沙漠或菲律宾的现代狩猎采集者，在日常交流方式上存在着明显的差异。在白天，他们会谈论实用的事务，例如迁徙、食物以及散布关于群体中的分工、社会分层和竞争的流言。这些都是非常个人化或是有关后勤事务的内容，不带任何幻想色彩。而到了晚上，狩猎结束后，当他们再次见面时，他们的互动就会变得更加轻松，防御等级也会降级。他们坐在月光下的篝火旁，一起讲故事、唱歌、跳舞。群体成员之间的关系也变得更加紧密和牢固。

其实大家都是如此：在心态放松的时候，想象力会特别丰富。你们想一想，那些绝佳的主意，不都是当你不再绞尽脑汁之后才出现的吗？比如，当你上班期间与同事一起聚在咖啡机前喝咖啡的时候，当你打电话给伴侣讨论晚饭怎么吃、在哪里吃的时候，或者当你说老板坏话的时候。又或者是，到了晚上，当你讲故事哄孩子们睡觉的时候，当你沉迷刷网飞（Netflix）的时候，或者当你在迪厅的舞池里跳舞或是在音乐会上大声唱歌的时候。其实说到底，在人类数十万年的进化过程中，我们的沟通方式以及将其付诸实践的模式并没有发生太大的改变。

为了说明这一点，我将会叙述两则很精彩的故事。它们是两个大相径庭的故事。在故事里，又有许多没有任何关联的小故事和小片段。这些小片段虽然彼此之间没有太多关联，但是非常相似，都有一些共同的特征。不过它们主体的故事内容是有所不同的。第一个故事由调查员、追求、愿望、报仇等元素组成；第二个则包含了镇定、时间、成长、期望、控制这些元素。一个讲的是关于尚未解决的难题的故事，另一个谈论的是关于发明的故事。一个讲述的是关于尝试并且突然消失的故事，另一个讲述的是一个有着圆满结局的故事。大家很快就会知道哪个是第一个故事，哪个是第二个了。不过最终，它们都只是故事而已。

火花

但是，在探讨这些故事之前，有必要先对几个基础性的问题进行初步的了解。首先需要回答这样一个问题：文字是如何诞生的？要回答这个问题，我们就要从头开始，从一切的源头开始认真地讨论。也就是说，让我们回到符号诞生的时刻，回到事物的图样成为事物特定名称的时期。当我要表达"马"的概念，我可以画出一匹马，如果我有语言表达能力的话（就像几千年前的智人或者尼安德特人那样），我就称之为"马"。

史前艺术是美丽的、迷人的，甚至可以说是精致的，但同时它也是令人感到迷惑的：马的图样可能表示马的概念，但也可能意味着别的事物。也许它不单单只是旧石器时代的一匹驽马，而是一种幻想的产物：比如，一只没有角的独角兽，抑或一匹没有双翼的伯伽索斯（生有双翼的神马，被其足蹄踩过的地方有泉水涌出，诗人饮之可获得灵感）。它到底是什么，我们永远也不会知道。我们被这些谜团吸引和诱惑，但同样也是它们让我们迷途其中，不得真意。

并且，图样就算是有表意的意图，说到底也只是图样而已。它始终是寂静无声的。在数千年的历史长河中，在世界上数百个不同地方，这些图样被画出了数百万次。同样地，在五千年前的美索不达米亚平原，苏美尔人也在黏土制成的泥版上刻出了各种物体和数字。

在这些泥版上，他们记录了与美索不达米亚神庙有关的几笔经济交易。想象一下，每一块泥版就是一张购物清单，上面按照一定的顺序（或乱序）分布记录着一些符号。抄写者可以通过它来还原记录时的记忆。这其实是史前的一种速记方法，使用与数字相关的（非表音）符号来记录。

如果我问你们这算不算是一种文字记载，你们肯定会说不是。我也同意你们的看法。但是，它激发了一种辉煌而闪光的灵感，使文字的发明成为可能。不仅仅在几千年前的美索不达米亚，在中国、在古埃及、在中美洲，尽管发生在不同的时期，也都以同样的方式迸发出相似的灵感。在这四个彼此独立且分散在不同地域的神奇时刻里，智慧的火花被点燃，发明的车轮开始滚动。或许，在世界历史上，这样的"神奇时刻"还有很多。

如果你们觉得那个时代太遥远，在考古挖掘和重建的地层里埋葬了数千年，很难再重现，那你们就错了。所有这一切的奇妙之处就在于，我们几乎可以像拍电影一样，重现美索不达米亚平原上苏美尔人用黏土做泥版和手握尖笔书写的场景。我们看到一个苏美尔人坐在一张凳子上，制作了一块泥版。泥版很小，他用手在上面刻出一些格子，以便给想要计数的物体留出适当的空间，然后再对它们进行计数，并记下它们的数量。这些都是必须向神庙交纳的贡品。在右上角，他画了一棵芦苇（就是灯芯草科类的植物芦苇）的图样：苏美尔语中的芦苇叫做 GI，但是 GI 也具有其他含义，也就是动词"交纳、偿还"的意思。

　　神奇的是，或者说是令人惊喜的是，它们的读音是相同的，含义却完全不同。这个苏美尔人突然意识到，他可以用芦苇图样来表达另一件事情，另一件显然他无法写出来的事情；因此，他使用了一个语标符号，并改变了它的含义，却具有完全一样的读音。这个苏美尔人的神经元无意间，几乎是本能地灵光一闪：他创造并写下了一个文字游戏。这个游戏的原理被称之为同音异义，它非常简单、直观且自然。正如我们将会看到的，今天我们也正在使用它。它是自发出现的，有时还会让我们忍俊不禁。在扫清千年历史的尘埃之后，我可以想象出美索不达米亚平原上的那个苏美尔人一边写下他的新发现，一边会心一笑的样子。当我收到一条带有谐音表情符号的信息时，我的表情也是一样的。至于这个苏美尔人有没有意识到他的行为会引发什么样的后果，那就是另一回事了，而且他应该不太可能会知道。

书桌

我们在谈论文字的发明和起源时，一定要非常小心。因为文字的发明不是一个简单的机械过程，不是为了表示声音，而是为了创造一个简洁完美的功能性系统而作出的精确而有针对性的符号选择。

我们也不应该将发明者的形象想象成一个空灵而神圣的存在：在某个下雨天或闷热的日子里，独自专心地刻画出各种图形来塑造成原始楔形文字或古汉语，在一天之内创造出所有符号。

不过，确实也存在某一个人独立进行书面文字创造的情况。本书将介绍一些案例，例如塞阔雅，他在1821年借鉴了拉丁字母和希腊字母，对它们进行重新改写和调整，创造出北美切诺基人语言的书写系统。塞阔雅也因此成为民族英雄。还有十一世纪本笃会修道院的院长希尔德加德·冯·宾根发明了一份字母表。此外，喀麦隆国王恩乔亚，他在十九世纪末为巴姆穆人创造了半音节文字。但这些都是衍生出来的、人为的创造，尤其是巴姆穆文这种情况——它是由上层社会、由统治者决定的。

文字不是在书桌前被发明出来的。这些被发明出来的文字，尤其是那些从无到有、从零开始的文字，都是有一定过程的产物，是一系列协调性、累积性和渐进性活动的结果。

文字作为一套完整的、结构化的和有组织的系统，它的发明是许多人共同努力的事业。这些人进行沟通、交换意见、争论，然后达成一致，制定出一个共同的、商定的和标准的符号库。因此，文字是一项社会发明，调整、协调和反馈是其中的关键环节。接下来的章节将会非常直观地反映出这一点。

同样地，文字的发明也不是一蹴而就的，而是一个渐进的过程，就像是一个由各种齿轮组成的机器，往往需要历经几代人的努力才能组装完成。正如接下来几章即将看到的，文字发展的车轮走过的是一条充满各种实验的、不断尝试和调整的道路。因此，它是一个循序渐进的过程，经过了反复的实践和广泛的传播。

现在让我们来看看字母或者其他任何文字系统，比如阿拉伯语、希伯来语、格鲁吉亚语、汉语等等。看看它们每一种文字的符号。它们为何用这些形态而没有采用别的形态？这些符号的精确数量又是如何确定的？这些文字在发明过程中是如何决定选用哪些发音，哪些不发音的？

这一切才是文字真正的发明过程。它是一个漫长的协商过程，是集体劳动，是一个有序而完整的体系。它是经过长时间加工和推敲才完成的。

大多数时候，我们会认为文字是一种文化的产物，而非先天的，它是一种技术、一件物体、一个人工制品。但是，这些符号的形态却遵循着我们周围自然界的形态及其轮廓。它们符合我们视觉感知的解剖学原理，适应我们周围的事物并吸引着我们的注意力。它们的发音自发地衍生出许多文字游戏，引导我们尽情发挥——阐释意义，在不相干的事物之间建立联系，辨认符号的先天能力。是的，文字是一种被创造出来的东西，但它也是我们骨子里与生俱来的。它是可塑的，是多样的。我们可以用眼睛去辨认它，但同时，在某一个瞬间，它也给了我们看待世界的全新视角。尽管它是人为创造出来的，但其实它原本就在那里，就在神秘的大自然中。

自然

线条

　　看看周围的事物。看看它们是如何放置的，它们的轮廓和它们的组成部分：它们是怎么交叉的？它们有哪些形态？窗户的门框呈矩形，桌面与桌腿构成L形，门板之间形成T形，单人沙发椭圆形靠背上呈现出D形。还有电线杆呈现的垂直线形、山的倒V形、太阳的光圈、星星形状的星号、乱七八糟的绳束，以及电脑边连着的弯弯曲曲的、绕在一起的各种电线。

　　其实字母表就隐藏在我们身边的事物中，并且这并非巧合。如果有留意过而且观察得仔细的话，就不难发现，身边事物的轮廓中就包含着某个字母的结构。而且很多时候这几乎是显而易见的：我们的视觉对线条和对比度的感知要比对包含这些元素的不成形的平面更加敏感，往往边缘和空隙中才存在让我们眼前一亮的东西，图形内部则无法引起我们的兴趣。休伯尔（Hubel）和威塞尔（Wiesel）几乎是因为一个巧合才发现了这件事，并获得了诺贝尔奖。

　　人类在很大程度上是视觉生物，也就是说，我们和其他少数动物一样，都是依靠视觉来确定自己在世界中的位置的。在我们的感官中，视觉感知占主导地位。然而，关于视觉和视觉皮层是如何运作的，休伯尔的发现相对来说还是比较前沿的。在二十世纪五十年代，神经生理学家休伯尔用猫作为实验对象，开始记录其视觉细胞的活动情况。在实验过程中，这些猫科动物会经常跑来跑去，注意力很难集中，还会发出各种喘鸣声。实验就是在这种情况下持续了数年。

　　实验的目的是记录猫在看到被投影到屏幕上的黑色或白色斑点时大脑的活动情况。猫的大脑会对这些斑点产生什么反应？经过了一次又一次的反复实验，研究人员发现，这些斑点并没有对猫的大脑产生任何影响，这种无轮廓的图形并没有触发猫的神经元活动。猫的脑电图始终是平缓的。直到有一天，当研究人员在投影仪上滑动涂有斑点的幻灯片时，他们看到斑点的边缘在屏幕上形成了一条线。小猫脑子里的某样物质终于被唤醒了：一条线，虽然非常细小，却引起了视网膜的注意。这就是线条不可抗拒的力量。

　　周围环境的组成部分和轮廓是我们感知和了解我们周围世界的第一步。大脑会为我们提供图像的像素，也就是需要重构的马赛克碎片。它不会像电影屏幕那样能够把发生在我们眼前的一切都投射出来。这些关于世界的最基础的像素，最基础的图块，就是轮廓，而不是图形内部。

　　因此，如果边缘或轮廓是吸引我们神经元注意力的部分，那么世界上事物的组成部分和轮廓显示出字母表中的字母的形状就并非巧合。事实上，频率是恒定的。如果我们参照历史上所有的文字系统，忽略它们是何时何地被创造或使用的，我们会看到符号形态出现的频率是恒定的。诸如L或T组合在文字系统中具有相似的（高）分布频率（尽管这些文字系统在历史时期上并不接近）。X或F出现的频率略低。令人惊讶的是，这种分布不仅在文字中是有规律的，而且在自然界的形态中也是如此。

　　文字在其进化过程中似乎一直试图去模仿自然界中的轮廓，以便更容易理解和阅读。就像吸引休伯尔小猫注意到的那条线一样。我们大脑的神经元通过直觉或自然倾向选择了能够唤起之前见过的、可识别事物的记忆的形态。因此，进行物体感知的整个过程几乎被简单粗暴地循环利用在另一件事上：识别书面符号。刚才提到几乎是"简单粗暴"的，是因为文字的发明占用了我们大脑的空间——即使从生理层面上讲，它并没有改变大脑。它所占用的空间本就已经存在（枕颞区），但这个空间原本是预留给其他功能的，即物体的视觉感知，这个真正的神经元循环。因此，通过盗用形状，最重要的是通过简化，人类不仅发明了文字这种以前不存在的东西，而且随着时间的推移，几乎很自然地，使它变得易于识别。正如我们将看到的，它并不总是那么容易被感知或破译的。但无论如何，文字的DNA中已刻下了大自然的字母表。

　　"每天都要写一行字"，正如老普林尼所说。现在就抬起头，去寻找世界上的字母吧。

万物

关于线条的话题也适用于"线形"文字（显然地），也就是那些具有独特风格而非一眼即可识别的文字。一只手、一只脚或一棵树，这些都是有明确指涉的符号，可以一眼识别。这让识别变得有些复杂，因为文字所描绘的事物只是因为我们见过它们才能被我们理解，但我们对事物的熟悉程度不一，而且往往是主观的。文字的诞生是为了给所看到的事物命名，来确指它们。不是动词，也不是行为，而是我们周围看到的万事万物。

关于"事物"的概念，我们可以展开一段漫长而丰富的哲学论述，但这个工作最好还是交给专业的哲学家来做。据说，仰望星空的泰勒斯因为太过全神贯注而径直掉进了一口井里，一个路过的小女孩曾戏谑道："你总是执着于想要了解宇宙的世界，那你自己眼前的事物呢？"在古希腊语中，用 ta 来表示所有事物，一个音节就承载了万事万物的意义。但对于那些具体的事物，情况则非常不同，比如大街上的坑洼。

所以让我们从具体的事物开始讨论。文字和"万物"之间的关系一直很紧密。从定义上来看，两者都是具有延续性的实体。让我们做一个实验：拿出一支笔和一张纸，三十秒之内在纸上画出一件物品。你们画的是什么？很可能是某一个物体——一栋房子，一辆自行车，佩鲁贾的芭喜巧克力。同样的情况也会发生在其他实验里，但那些实验的结果的可预见性可能不如上面做的这个实验来得直观。比如，如果我要求你们心中只想着一样东西，你们应该也不会想到诸如幸福、相对性或者命运这些概念，你们想到的一定还是一些非常具体的东西。

所有的文字都是建立在这种具体性之上的，即使今天也不例外。动作是抽象的概念，因此更难表示。例如，让我们想想电脑屏幕上的垃圾桶图标，它是一个合成的图像，用来表示"扔垃圾""删除"的动作；又或者是用放大镜的图标来表示"搜索"的动作。还有（几乎所有的）表情符号：飞机不表示"通风"，意思是"飞行"；心也不是"心跳"的意思，而表示"爱"；竖起的大拇指意思是"点个赞"。这些动作都是由能够唤起这个动作或使其成为可能的工具来表达的。

事物会随着时间的推移而持续存在，并不会像某个运动、行为或动作那样消失或结束。当我们交流某些事物时，尤其是通过绘画或书写来表示它们时，就会产生一种深刻的直觉：我们会感觉到物体是具有认知持久性的，这个特征使得它们成为更加直观的焦点。它们是静态的，它们就在那里，就待在那里。然而，动作中包含着动态的元素，因而更难在一张纸上呈现和传递出来：动作是动态的，会在空气中消失。文字则与之相反：它是物质的、固定的、不动的。它是静态的，就和天地万物一样。

当行为和动作被静态化和具体化之后，它们也会变成了一个个"事物"。正因如此，在文字的这种力量和永恒性中，才产生了它与事物之间最牢固的联系——文字，就和天地万物一样，它就在那儿。

图标

文字的诞生与世间万物密不可分,它们也被描绘成各种可识别的图标。一只碗、一串谷穗、一匹马、一座山或是一条鱼。

最初的图标很有创意,设计多样,指代也十分精确。它们与现实世界的关系基于相似和类比,因此也存在其他代替方式:用部分代替整体(如牛头代表整头牛,耻骨三角区代表女性),用周围环境里必然存在的元素来代替较难描绘的物体(如波浪代表水,星星代表苍穹)。但是,用来代替的这件事物也必须是客观存在的——图样必须是可识别的。这适用于所有的图标,无论是一幅绘画还是一个图样,其形状和含义必须相互能指和识别,在解释它们的时候没有任何随意性。就算有细微差别,只要图标的图像本身带有一个具有精确名称的特指对象的印记就足够了。

几个世纪以来,我们一直想搞清楚给事物起的名字与现实中的事物之间的关系。给一个物体、一个实体、一个事物指定一个特定的名称,标记它们的行为是约定俗成的一种惯例吗?或者这些名字是否捕捉到了它们所代表的事物的自然本质?

这样的结论难免让人心生疑惑——所有名字都与它们所代表的对象非常相似。也许我们看到的只是赤裸裸的名字而已,并没有实质的内容?柏拉图说:"名字会误导人,决定它们的并不总是相似之处,而是习惯。"莎士比亚说:"名字有什么关系?把玫瑰花叫作别的名称,它还是照样芳香——即使罗密欧把姓氏换成比安奇，朱丽叶对他的爱也还是真实的。这只是惯例、习惯、传统。"然后，一个世纪以前，现代语言学之父索绪尔本人给出了慈悲的最后一击："名称和事物之间没有自然的相似性；符号和意义是脱节的，它们的关系是脆弱的、反复无常的、任意的。"我们就是这样得到了玫瑰的名字，以及所有事物的名字。这就是故事的结局。

实际上，今天我们也并没那么茫然。的确，文字与自然之间的联系是脆弱和无常的，但有时我们会惊讶于它的明显程度。文字符号的象似性，在它出现时，是显而易见的，是可以感觉到的。例如，被定义为视觉象似性的手语。此外，当我口头表达的时候，我可以通过重复一个词的方式来表示复数（印度尼西亚语中 orang-orang 的意思就是"两个人"）。又或者，为了表示强调，我可以加长元音的数量：sì（是的）变成 sìììì，dai（加油）变成 daaai。这不是口语化的语气，绝对不是（noooooo），这是语言的象似性。

或者我可以采用拟声造字法，使用那些可以模仿或再现某些声音的词语，例如动物的叫声"喵""汪""哞"等。还有其他与声音有关的词，如"嘶嘶""切切""轰隆隆"。每种语言中的拟声词特征各不相同。意大利语中的拟声词相当有限，而日语中的则更有创意。例如，重量轻的滚动的物体叫 korokoro，而比较重的物体则是 gorogoro。这两个词使用重复的音节来表示连续的运动，仿佛可以感受到两个物体在重量上的区别，能感受到它们在滚动，尽管它们可能滚动得很快。试着发挥下想象力，别看下面的注释（别偷看哦），猜一猜

tekuteku①是什么意思？还有pyonpyon②呢？简而言之，这些词语都各自暗示了一个清晰而生动的形象。它们的声音是具有象似性的（你们已经偷看了吧）。

在英语中，声音的这种象似性呈现得更好。在我小时候经常看的漫画里，蝙蝠侠和罗宾每次狠狠地教训坏人的时候，都会以一种非常真实而生动的方式让我身临其境——CRASH（破碎声）！BANG（砰）！ARRRGH（啊）！因为口头禅是各种拟声词，《蝙蝠侠》里的一个超级反派的名字甚至就是拟声词。这种象似性具有强大的主观力量，以至于它变成了其中的一个角色。也因为它只有在漫画文本里才能运行良好。想象一下，在电影中，一个反派开完枪，然后说一声"砰"——他看起来是不是像个白痴？在所有被发明的文字中，符号的象似性原则上都非常强（图1.1）。甚至，我们可以说这种图形的象似性是文字发明的第一块真正意义上的跳板。在中国，在美索不达米亚，在埃及，在中美洲以及其他地方，图标使用不同的语言传递着信息，诉说自己的名字——通过中国的古文、苏美尔语、法老时代之前的埃及语和古典玛雅语。

但这就是问题的开始：图标和符号之间真正的关系是什么，其含义是不明确的、不透明的和不可识别的吗？我们应该如何处理抽象的事物呢？

---

① 快步走。
② 轻跳。

图1.1 早期文本中图标的例子（埃及象形文字、古代楔形文字、纳瓦特尔语、克里特象形文字、玛雅语和安纳托利亚象形文字）

符号

符号存在的历史与人类存在的历史一样古老，这里提到的人类指的不仅仅是智人。早在四万年前旧石器时代的壁画中，除了有自然主义风格的"清晰"的动物图标之外，还有一系列抽象符号。奇怪的是，它们与我们在世界各地同一时期的其他遗址中发现的符号相同，从法国的拉斯科洞穴和肖韦洞穴到印度尼西亚的苏拉威西岛，再到更加古老的南非的布隆伯斯洞穴。

在马、野牛和无面人的画作周围，有三十二个简单而美丽的几何图形——圆形、星形、锯齿形、三角形、平行线、螺旋形、印在岩石上的手印（图1.2）。同样的图形也出现在世界的其他角落。它们不仅仅是涂鸦,还是有力的印记,标记着人类历史上最重要的时刻,例如工具的发明或火的发现。它们凸显了人类都无法抗拒的、想要表达的、想要赋予意义的意图。不管意义是什么,尽管显得有些笨拙和过于简单,它们的力量就在于告诉世人——这幅涂鸦将继续存在,将会在忙里偷闲偷偷画它的那一刻之后继续长久地留存。

图1.2　阿根廷洛斯马诺斯岩画中的手印

把它们画出来的人是知道它们的含义的,因为他将语言和口头表达与图形的创造力联系了起来。因此,这些符号是抽象的思想交流最早的一种形式,尽管对于今天的我们来说,它们仍然是未解之谜。当然,这些还不是文字,而是在一条(我敢说)几乎是必经之路的方向上迸发出的第一次有创造力的火花。

我们是一个被符号支配的物种,但是我们并不总是知道要如何破译它们。我们也不知道要如何重构它们的起源和进化过程。它们来自哪里？为什么要创造它们？这种抽象符号的灵感又是什么？

通过图标或图像以特定名称描绘特定事物的时候，就发明了一个符号。这些符号通常被称为"象形图"。这个词是不恰当的，也是令人困惑的。因为那幅图，当它成为所代表事物的名称时，就不再是一幅图了，而成为一种符号、一种萌芽中的文字。

我画出一只猫的脸。我称它为"gatto"（意大利语的"猫"），而不是"cat"（英语的"猫"）或"chat"（英语的"聊天"）。我让它进入了意大利语的语言领域。猫变成了我语言中的一个符号，一个指代意大利语中"猫"这个词的符号，不指代其他事物。那么这个名字已经获得了实体，即"意大利猫"这样一个猫科动物的实体。

我画出一只脚。我称之为"piede"（意大利语的"脚"），这是一个语标符号。我又画出一只脚，但是用它来表示动词"走路"。我抽象了脚的物质性，并让它运动起来，创造了另一个东西，那就是表意符号。通过对这些意义的迁移，我扩展了它们的可能性，但我也使符号的意义更加模糊。我创造了一种美妙的、不可抗拒的混乱。

我们是如何走到这一步的？如何创造出用来指示餐厅厕所的男人/女人的图标、路标、洗衣说明的符号、音符，这些我们生活在这个世界上每天都在破译的一切图标？从物体线条的几何形状到传递意义方面的想象力，我们每天都在和自然以及生活中的符号进行互动。

现在让我们回到我们的故事中。在我要讲的第一个故事中，大家可以闻到大海的气味，并且感受到三个对我们有非常强烈影响的要素，它们可以发挥我们的智慧、逻辑和直觉。这三个要素将促使我们充分地去理解他人，也促使我们更加仔细地去观察，去认识和重塑我们从周围环境中得到的信息，并把它们结合起来。

这三个要素就是神秘、竞争和实验。

2 未被破译的文字

岛屿

在第一个故事中,神秘、竞争和实验都与岛屿有关。我们在关于岛屿的问题上,都持有一个错误的观点。我们普遍认为岛屿是古老的生态天堂,原始的田园诗般的地方,还有那茂盛的、野蛮生长的、铺天盖地的植被,以及被抛之脑后的遥远文明。这些岛屿就是世外桃源。我们一旦回到那里,就能过着简简单单的生活,待在那里可以让人很容易就忘却一切烦恼。

但是在这个故事中的岛屿却是完全相反的,它们拥有复杂的社会层级,尤其是复杂的权力中心。人们在这里尝试和创造,努力工作是为了不被遗忘,这里没有任何休闲和放松。在这个故事里,岛屿闪烁着创造力和渴望的光芒,岛屿是对身份的肯定和认同。在本章中,岛屿充斥着一种强烈的愿望,也许是我们所有人的共同愿望——想要证明自己是独一无二的。

这似乎是所有在岛屿上诞生的文字都具备的一个重要组

成因素。文字的多样性伴随着种种谜团，这几乎是一种必然。今天，世界上大约有十多种我们仍然无法阅读和理解的文字，它们是未被破译的。而这本书中几乎全部都提到了，从伏尼契手稿到印度河流域的文字，穿越了世界各地的岛屿。因为，这些未被破译的文字中几乎有一半都来自于岛屿：塞浦路斯岛、克里特岛、复活节岛。是什么将这些（目前）仍然无解的代码与一众岛屿联系起来的？这是巧合吗？或者，这其实是一个合乎逻辑的结果？

神秘与创造力，秘密与创新，多样性与竞争。但是缺少了第三个要素：在岛屿上，文字也是一种尝试，一种实验。而在历史的波澜中，这种尝试，至少从长远来看，经常是失败的。正如本章中将要提及的，岛上的人总是创造出某些不完整的、粗略的、不清晰的东西。灵感的迸发就此中断，变成了死胡同。因此，岛屿文字故事的结尾通常都是不成功的。对于岛屿文字本身来说，结局是失败的，因为它们消亡了；对于我们而言，也是不成功的，因为我们无法解开它们的谜题。

然而，这些文字都有一个共同的特征，那就是努力想要生存和反抗的执着；但它们又常常会犯一个错误，总是留在当地，而不是到别处去寻找命脉，探索更遥远的地方。它们顽强的生存尝试最终只能止步于被大海环绕的岛屿边界。如果想要活下去，也许就只能逃离这个看似很完美的伊甸园。

克里特岛

未被破译的文字。无解的代码。在克里特岛有四种文字：克里特象形文字、线形文字A、斐斯托斯圆盘和线形文字B。但是其中只有一种文字，就是最后一种线形文字B，是我们目前能理解的语言。这怎么可能？我们的知识怎么会如此有限？我们为何对这个岛屿的语言知之甚少？这四千年的历史足以让我们所有人都陷入沉默吗？

面朝西方

关于人类的起源，我们还有太多不明白的地方，诸如语言、名称、迁移、混杂。如果文字始终无法被破译和解释，很多细节的精确程度和丰富程度就仍然无法得到保证。考古学有助于我们了解以前的生活、风格、文化上的偏好以及对物质的偏好，而文本则可以帮助我们准确地把握和理解前人的思想。

这似乎是一个悖论，我们越靠近自己的根，就越弄不明白。古老大陆上最初的这些文字就是世间最坚不可摧的堡垒。它横在我们的面前，成为一道无法逾越的壁垒，隔绝了我们理解人类起源的一切可能。是谁发明了第一个欧洲文字？它记录了什么语言？简而言之，我们到底来自哪里？

欧洲的概念显然是历史建构，包含着占领、继承、传统以及许多歪曲和捏造。欧洲的统一一直受到同等程度的赞扬和诋毁，因为"统一"这个概念的边界模糊，立场又太微妙。千百年来始终坚持统一是一项非常复杂的工作，因为统一是一种流动的、多变的状态。所有人都归属于一个集体的情况下，总会产生一些问题。通常，集体的复杂性不但无法被人所接受，相反还会遭到攻击，因为它没有根基，就像是构建在一块脆弱松软的土地之上。因此，欧洲才迫切需要去寻根。

那么，欧洲的根在哪里？显然希腊神话及欧洲最宜居的地理位置已经给我们指引了一个家的方向——克里特岛。希腊神话中，克里特岛国王米诺斯的母亲就叫"欧罗巴"（意大利语的"欧洲"）。欧洲就是克里特岛，克里特岛就是欧洲，这就是欧洲时代的开端，蕴含在希腊神话之中。这就是欧洲的根。

古希腊语也提供了一些帮助。在希腊语中，eurys 的意思是"广泛的"，词根 ops 表示"脸""面容"（但这个词源也有可能是有意这么创建的，以使名称易于理解）。欧洲从希腊时代开始，便注视着世界。然后也有人认为这个名字起源于闪米特语,并将其与闪米特语中的西方(ereb)一词联系起来,意思是一切面朝西方的东西。①

面朝西方,睁开眼睛。然而,我们的眼睛仍然是闭着的,因为我们还不确定我们来自哪里。欧洲大陆在起源之时没有诞生明确的语言,词源学的这些概念也只能提供断断续续的灵感,而今天的欧洲却是文化融合与混杂的产物。

荷马曾经说过,克里特岛是一个多元文化的大熔炉,混杂地回响着各种语言。他借由奥德修斯的嘴将这一切和盘托出,奥德修斯装扮成乞丐回到家乡,见到可怜的佩内洛普,告诉她在克里特岛上有无数的人民、无数的城市、许多的语言,有亚该亚人的语言、米诺斯语、多里安合的语言和皮发斯基族的语言。真正的混乱。但这些语言都是什么?

我们仍然还在黑暗中摸索,但并非没有希望。如果克里特岛是早期的欧洲,那么也许在不久的将来,我们可以在某处找到一丝曙光。也许正是在我们尚且还无法读懂的克里特文本中。

先驱者

因此,我们就从克里特岛开始,从这里开始,从头开始

---

① 对地名和人名的起源作出人为的解释是一种在古典语言学家圈子里广泛流行的创造性活动。

往下说。想象一下,我们处在一片四千年前的墓地中,在岛屿的中央。这个岛屿是地中海的第五大岛,仅次于西西里岛、撒丁岛、塞浦路斯岛和科西嘉岛。经过前面的描述,这个岛屿的名字已经充满了神秘感:克里特岛。没人知道这个名字取自哪里,也许是来自古老的安纳托利亚语*kursatta①,意思是"岛屿",那么这个名字的由来就是使用了换称法。

因此,克里特岛可能不是随意的一个岛屿,它就是"岛屿"本身。但我们也不要太高估它的名字,这似乎是一个没见过多少岛屿的人会给出的典型名称。比如对于一个习惯性俯瞰萨摩斯岛或米蒂利尼岛的安纳托利亚人来说,克里特岛只是一块巨大的大陆。克里特岛 = 欧洲,它就是一块大陆。不过,安纳托利亚与克里特岛有什么关系?今天的观点普遍认为,在数千年以前,安纳托利亚人便开始缓慢而持续地往克里特岛移民,逐渐将其变成殖民地。克里特岛变成了一个混乱程度无法想象的大熔炉。关于这一点,我们稍后再续说。

回到我们刚才所想象的墓地上来,这里是克里特岛阿卡尼斯(Archanes)村庄里的墓地。坟墓里有一些骨头图章,体积很小,雕刻得很细致,属于极其精细的微型艺术。在这里,我们找到了第一批欧洲铭文。这批铭文很奇怪,一些标志是可识别的,比如双斧、花瓶;其他的就非常抽象了,不清楚它们代表什么。图章是用黏土制成的,它们都是非常珍贵的,也许从来没有被使用过,只是为了展示,以彰显社会地位。为了之后与其他可以显示出高贵地位的物品一起被埋

---

① 星号表示这里的概念尚未重建,因此属于未知领域。

葬在坟墓中,比如苍蝇形状的奖章、埃及的乐器等等。这些都是特意展示出来,仿佛在大喊着"快来看我们"的物品。

阿卡尼斯村庄墓地里的死者们仿佛在向我们讲述他们的财富、他们的智慧和他们的个性。他们刻下字符,刻写下一句格言,也许是神的格言,然后复刻它。图章数量不多,但都刻有相同的五种字符。这些字符组成的不是随意的一句话,而是克里特这个狭长岛屿上流传的一条古老咒语。阿卡尼斯村庄墓地里的死者们懂得如何将自己与其他人区分开来。他们知道如何竞争,也在不断实验。他们是先驱者。

像新的一样

欧洲的第一种文字就是在这种智慧中诞生的。不过这些文字的内容已经无关紧要了,因为已经过去太久了。走进"阿卡尼斯格言"的语言迷宫,进入这五个字符中,去了解是什么促使他们选择这些图标和符号,使它们成为有完整意义的句子、重要的信息、统一的整体,并变得不可触碰、庄严、神圣,是很有意义的。

之后字符又从墓地中的一句格言发展为真正的文字文本。这又是如何做到的呢?当米诺斯的克里特人开始创作时,他们脑子里在想什么?是从无到有的发明吗?还是受到埃及象形文字的直接影响?当时的埃及文化已经拥有近千年的历史,克里特人是否受到埃及文化的启发?他们抄袭了吗?或者他们环顾四周，看到了大自然，看到了周围的物品，聆听了内心的声音——得到了真正的灵感源泉，并且真的是在没有任何外部帮助的情况下发明了文字？

这些问题目前还没有明确的答案，不过我们对此也兴趣不大。阿卡尼斯格言遵循的文字系统是全新的。它被称为克里特象形文字，与埃及象形文字完全不同。新的符号，新的字符，建造在海岸上的新的建筑。神话中的米诺斯，有迷宫和供奉的公牛；克里特岛的"先驱米诺斯"，在克诺索斯的宫殿中统治着克里特岛，用他的目光注视着大海（欧洲！）。米诺斯已是典型的世界主义者。他写下字符，发明了伟大的文字。

但是克里特岛的象形文字不是象形文字。我们这样称呼它是因为我们受到了埃及象形文字的影响，但这个名字的套用具有误导性。象形文字只能表示与图像相关的具有标志性、比喻性和象征性的文字。像世界上所有定义不明的象形文字一样（从玛雅语到安纳托利亚语），是具有一些清晰指称的、一目了然的符号体系，比如拥有眼睛、腿、手、花瓶、植物的图像。其他符号则是抽象的、几何的和线形的。

我们对这种象似性非常感兴趣，尝试去理解它也许可以解开关于起源的未解之谜。旧话题要重提了，因为这与图画为什么能够在文字发明的过程中发挥重要的跳板作用有关。

纸牌屋

短语"seal the deal"在英语中的意思是签订协议、达成交易、结束谈判、密封。在克里特岛,达成交易比写诗更重要。克里特岛象形文字几乎总是出现在官僚文件中,而不是文学、小说、科学的故事或叙述中。由少数人组成的精英团队担任建筑物的管理者,管控农业和工业生产。他们很少关心其他事情,将官僚统治发挥到极致。

他们喜欢创造微型物品,比如印章。就像之前阿卡尼斯的村民所做的那样,他们也延续着同样的传统——微小的、复杂的、精致的雕刻和浮雕艺术。还有符号,真正的文字系统的第一批符号,第一个书面语言。

这些印章上的空间很小。可以写上几行,通常是重复的序列,可能是表明官僚机构的伟大官员及其职权,没有重复的词可能表示人的名字,但目前这些都只是猜测,尽管听起来比较可信。这些印章几乎可以当作是功能性的、个性化的珠宝首饰,是价值贵重的身份证。

刻印的印章由半宝石和有色宝石制成,呈棱柱形或吊坠形状,可作为护身符佩戴在脖子上,或者作为手镯类的装饰品。那些佩戴它们的人都是有权有势的,因为他们知道如何阅读和写字,也因为他们在管理中发挥着重要作用。在宫殿周围、仪式期间、宴会之上等人群较多的地方,很容易就可以辨认出他们来。

沿着走廊进入宫殿,墙面上装饰着以游行、宗教和舞蹈为主题的场景壁画。接着,来到了一个大庭院,那里聚集了大量经过筛选的民众。一眼便可从中辨认出米诺斯社会的精英——女性穿着华丽的裙子，佩戴着华丽的珠宝和金饰；男性的代表特征不多，这不应该使我们得出是由于母权制和女权主义，这种印象未免有些武断。就像装饰着华丽的英文字体和复杂的花纹、使用精美的纸张的名片一样，米诺斯精英卖弄着自己的印章，其功能和现在的名片差不多，即一个人在社会中某个角色的合法化，象征着交换、成功交易的批准，一切尽在其掌控之中。

这种掌控感更进一步，与感性有关。和我们一样，外表对于米诺斯人来说也是很重要的：上层阶级必须穿得体的衣服，尽情打扮，用精心制作的壁画装饰家里的墙壁。他们去王宫闲逛也和我们逛街的方式没有什么不同。社会期望的履行与炫耀性消费密切相关。结果是什么？对宫廷生活方式的膜拜。

在四千年前的克里特文化中，官僚机构几乎是至高无上的。用于遵循它的工具，例如文字，也具有明显的象征意义和个人印记。在贵重物品上刻上名字、留下签名并在公众面前被认可是这一规则的一种具体表现。那个时候印有自己名字的印章要比在今天拥有带有自己家族纹章的戒指更具吸引力，因为米诺斯印章代表了社会地位，同时也具有功能性：它们被用来给重要文件盖章。如果把米诺斯人比作是大型富丽堂皇公寓里细心的管理员，那么这些印章就是管理员手中彰显身份的小型标志物。

如果仅仅因为克里特岛象形文字仍未被破译，就将米诺斯文化定义为"史前文化"，这样的判断大错特错。米诺斯人是一场不可抗拒的表演中的主角,是一场近乎现代的官僚主义权力游戏中种种微妙策略的主角。

被遗弃的猫

提到米诺斯人,会想到什么?会想到迷宫,想到牛头怪,还会想到公牛上的跳跃。还记得有关帕西淮的神话故事吗?她是喀耳刻的妹妹,不忠的爱人。帕西淮是米诺斯的妻子,因没有献祭公牛而受到海神波塞冬的惩罚。当然,那不是一头普通的公牛,而是世界上最美丽的公牛,洁白如雪。正如但丁《神曲·地狱篇》中"罪与罚相称"所提倡的,波塞冬也给出了相应的惩罚:让米诺斯的妻子帕西淮爱上了这头美丽的公牛。著名的建筑师代达罗斯为她打造了一件母牛盔甲,以满足她的热情。帕西淮穿上盔甲后与公牛交配,不久便生下了牛首人身的怪物米诺陶洛斯——也就是最终被困在迷宫中的牛头怪。在欧罗巴的神话中,宙斯也是伪装成一头公牛,诱拐了美丽的欧罗巴,也就是米诺斯的母亲。不管是米诺斯的公牛,还是宙斯幻化的公牛,米诺斯人正以各种方式向我们展示着这种动物,在宫殿里、房子里到处都散布着巨大的牛角和牛头骨装饰、斗牛的场景壁画以及小公牛的模型。牛角的各种实体和象征物在克里特岛随处可见。

不过,猫就不一样了。在克里特岛的肖像画中,猫是比较特殊的动物。它们不像公牛一样那么受欢迎,它们是不一样的主角，更加微妙和纤巧。在宫殿的壁画中，猫是掠食者，却在几乎田园般的温和的狩猎环境中碎步疾走，似乎在与鸟类或野鸡玩耍，而不是像野兽追逐猎物那样地去追逐它们。而大名鼎鼎的"女蛇神"双手握着匕首般的两条蛇，头上却顶着一只猫，就像奖杯一样。不过还是印章上的猫最好看。

我们在印章上的文字符号中间也看到了猫，它尾巴卷曲，眼睛睁得大大的，就像是华特·迪士尼（Walt Disney）动画中的猫（图2.1）。米诺斯人把猫的图样刻印在印章表面。这些猫看起来就像是一个个美丽的、颇具异国情调的纹饰。纹饰是静默的，但是我们会发现它们是有自己的发音的。

图2.1 碧玉印章，刻有克里特象形文字的符号，包括猫的字符（左手边第一个）

在很长一段时间里，印章上的米诺斯猫被误认为只是一幅画。事实上，它不是一种装饰，也不是一种简单的摆设，它是一个真正的符号。

克里特猫历史悠久。我们在记载了另一种克里特语文字系统的泥版上找到了它，这种文字系统就是线形文字A。和克里特象形文字一样，线形文字A至今也无法被破译。它是一个由大约九十多个符号组成的音节库，加上一系列几乎数不清的语标符号。奇怪的是，克里特人几乎同时在同一个岛上创建和使用了两个非常相似的文字系统。也就是说，这两种文字在时间上其实是重叠的：线形文字A和克里特象形文字在岛上共存了近两个世纪。这两者之间是什么"关系"？克里特人选用的是同一种语言还是两种不同的语言？我们不得而知。但是在图形层面上，两者的系统是相似的，标志是相似的。也许它们比我们想象的还要更加相似，但这需要我们以后更深入地去研究它们。但是在一件事情上，它们非常不同：印章上的象形文字几乎总是与图标相关联的；但当在黏土上写字时，一切都变了，符号变得风格化、棱角分明。就像文字名称所显示的那样，它是线形的。因此，泥版上的字符以线形文字A为主。线形文字A"线形"的这个特征也将是它成功的地方——后来，克里特象形文字突然间消失了，被取代、被吞并，线形文字A凭借着线条的简单性留存了下来。

  猫的命运也是如此，它的符号变成了线形的、程式化的图解。一个猫的骨架（图2.2），正如我们在记录有线形文字A的泥版上所看到的那样，轮廓特征抓得非常到位，可以从中追溯到它的起源，看到印章上猫的图标的影子，这是一项壮举。学者的研究往往容易作茧自缚：一旦符号被定义为图画，就永远是图画了。埃及象形文字也有同样的问题，在商博良将其破译之前所有人都认为它不是文字，只是图画而已。玛雅文的故事也如出一辙，就是几张画。但是，正是在符号的象似性中，我们找到了理解的关键，找到了一种可能的方法来破译它们。

037

图2.2 线形文字A中A80符号（音节ma）的演变

现在让我们关注下猫的读音。印章上的猫对应的音节是/ma/。我们知道这一点，是因为它是我们在线形文字B中发现的一个标志。线形文字B是线形文字A的衍生（所以它的名字才会如此地缺乏想象力），不同的是它已经被破译了。在线形文字B中，音节/ma/对应着一只猫的图像，一张非常不可思议的猫脸图样的示意图，仅保留了最基本特征。尽管如此，它的象似性还是得到了很好的保留。这是轮廓带来的奇迹。人类的脑子里几乎都是图像信息，但也有声音信息。我们是视觉动物没错，但我们也是听觉动物。

世界上许多语言都有一些相似的地方。这可能是巧合，但猫的叫声几乎总是以相同的方式呈现。这个规律似乎不适用于其他动物。比如，意大利语中公鸡的叫声是chicchirichi，英语中公鸡的叫声是cock-a-doodle-do；俄语中狗的叫声是gav，印度尼西亚语中狗的叫声是guk。相反猫的叫声是具有普世性的，英语中是meow，意大利语中是miao，越南语中是meo，俄语中是myau，等等，差异很小。对于古代语言来说，也一样（难以置信！）。你们一定知道我要说的是哪种古代语言。

如果我是一只米诺斯猫，这里的人使用的都是简化后的开音节，几乎都是辅音加元音，如线形文字B（和线形文字A）。那么我会发出什么叫声呢？如果我是一只米诺斯猫，我会发出/ma/的叫声。对着宫廷里四处漫游的所有米诺斯公牛，发出一声响亮而饱满的maaaa。

音节

这里我们需要讲清楚语言中最重要的部分：音节。音节可以是一种取之不尽的神秘之源。我记得我的一位老师，穿着灰蒙蒙的短裙，嘴里强迫性地咬着铅笔，用小舌颤音发着"r"，然后一脸冷酷地说道："对于语言学家来说，音节是最难描述的事情之一。"那是段多么美好的时光啊。

不过她是对的。如果我说boh（意大利语中的象声词），所有人都明白我的意思，这是一个音节，但英文中的单词strengths（九个字母），也是一个音节。就像"parola"（意大利语的"词语"）这个词，音节是一种难以定义的实体，但是我们所有的交流都是围绕着它展开。

这里涉及一个生物力学的问题：当我们发出元音并调节它们的声音流动时，我们会逐渐张开嘴巴；我们的嘴张得越大，声音就越强。如果打开窗户，大喊baaaaaastaaaaa，声音的强度是由拖长的aaaaaa维持的。习惯慢吞吞发元音的米兰人对此一定颇有感受。

灵长类动物也是如此。它们使用警报呼叫，张开嘴并发声，用这种方法来给同伴指示；但这还是固定的发声方式，因为这种叫声太精确了，不能进行重组和创造，无法产生超出警报之外的信息。我们的表达能力在于：我们知道如何在复杂的结构中组合出小的实体，例如单词或语法，然后再赋予其象征意义。关于这个象征意义，我指的不是固定的（例如瞪羚的警报声预示着豹子来了，这时，声音只能特定表明某一件事情），而是流动的、自由的、独立于背景环境的。

"豹"和"注意力"这两个词在发出警报的时刻可以配合得很好，特别是在有组织的出猎行动中出现意外危险时；但它们有各自的表达潜力，作为单独的词语使用的时候，是可以被重新定义的，也是可以在其他语境中构建的，其意义是开放的。现代人都不喜欢封闭的圈子，讨厌沟通上的短路，而且我们已经学会如何玩富有创造潜力的乐高积木，并且可以把它玩得很出彩。每一个积木就像是一个音节。音节蕴藏着无限可能：从我们开始重复音节的那一刻起，大约十二个月大的时候喊出"ma ma"和"pa pa"；大约五千年前发明的第一批文字（所有由音节拼写的）。无论是口头的还是书面的，音节在实现人类表达需要的过程中发挥了突出的作用。

字母表（一个声音对应一个字母）成为人类文化发展中的一大成果，这是一个巧合，一种文化附带现象，一件不太可能的事情。古希腊人增添了元音（在海量的腓尼基辅音中），创造出一种民主和经济的产物，取得了意想不到的成功。但字母表只不过是一种计谋，一种复杂而非常智慧的东西，就像民主或哲学一样。我们用音节思考，用音节交流，用音节唱歌，用音节发明文字。

遗失的语言？

> "哦，幸运的克里特岛。"（克里特岛国王伊多梅尼奥）
>
> ——沃尔夫冈·阿马德乌斯·莫扎特

克里特语的音节并不都是神秘未知的。我前面提到了线形文字B。现在让我们谈谈它，尽管有些简短。实际上，线形文字B并不是我们真正感兴趣的，因为它已被破译。目前，我只打算无情地为它写几行字。但是，后面我们会再次提到它，因为我们需要通过它来理解文字是如何被破译的。

来吧，我们这就来聊聊它。线形文字B记录了一种非常古老的希腊方言，已有三千多年的历史，在这个时期迈锡尼文明控制了希腊大陆和克里特岛的一部分。因此，在克里特岛，在克里特象形文字和线形文字A之后，（又）出现了一种希腊语形式，用的是线形文字B，而不是用希腊字母进行书写的（离希腊字母的使用还远着呢）。

我们之所以能知道线形文字B记录的是希腊语，是因为英国建筑师迈克·文屈斯（Michael Ventris）在1952年破译了它。这是第一个也是唯一一个内部破译的案例，即仅基于对书写符号的统计分析，而没有诉诸双语文本或三语文本。

例如，罗塞塔石碑的碑文和波斯波利斯的楔形文字铭文都包含用其他更广为人知的语言书写的文本。如果石碑上没有希腊语写的部分，或者铭文中没有古波斯语，那么就很难解读埃及象形文字或者巴比伦文字。有一点"外部"帮助会使破译更轻松。但是对于线形文字B，令人难以置信的是，要解读它没有必要借助外力。然后这也是第一例破译结果比较可靠的情况，而不是全凭联想和语言幻觉。目前也已确定线形文字B成功被破译。

不像斐斯托斯圆盘或伏尼契手稿（接下来几章中会看到）的破译工作，它们经常出现在我的收件箱中，迫切地请求我提供建议和支持。这些所谓的破译者们共同的特点是傲慢：他们往往只会宣布已经破译了这种（或那种）文字，却从来不会要求检查或是验证他们的方法，他们只是为了获得认可。因此，我们今天在该行业中也应该保持谨慎的态度。我们将看到那些真正在研究未被破译文字的人的工作是多么地细致、枯燥和执着，他们每天都在数符号、检查符号、再重新检查它们。研究者失去了良好的视力，有时甚至失去了几个神经元。

那么，如何处理克里特岛其他未被破译的爱琴海文字、克里特岛象形文字以及线形文字A？如果跟随迈克·文屈斯的脚步，取得一些成果，会有希望吗？

破译的方法有很多种，我们在讲如何破译的时候会介绍到它们。当然，问题和困惑也有很多，我为此感到自豪。只有一件事情我敢肯定，我们今天的研究工作具有一个一直以来被低估的竞争优势：团队合作。泰勒斯说过，前往克里特岛，为了热爱的研究。我说，一起吧，而不是一个独自出发的人对荣耀的渴望。历史上每一个进步的时刻都是以此为基础的，无论是很久很久以前用公羊头开门的古代，还是如今用微妙而精确的钥匙开门的现代。挡在我们面前，阻碍人类解释、识别和致敬欧洲第一批语言的壁垒终会倒塌。即使今天那些克里特象形文字和线形文字A里隐含的语言似乎已经失传（或者可能是同一种语言，只是失传了？），也没有人能否认我们有朝一日成功破译它们的可能性。我们寻回一种古代语言，就像是找回一个老朋友。抑或是完全未知的语言，需要我们努力去重建。

与此同时，仅此一次，让我们怀着诗意和不甚科学的精神许一个心愿——愿他们的发音像音乐一样引人入胜，饱满而流畅。在我的想象中，或在那些不眠之夜的遐想中，我希望它是充满情感的，正如莫扎特的歌剧《伊多梅尼奥》中克里特岛人民的合唱那样。这个歌剧就是以克里特国王米诺斯之孙的名字命名的，讲述的是一个有着美好结局的故事，也是一个幸运的故事。它是一首合唱曲，不只有一种声音。

塞浦路斯

混杂

离开克里特岛的时候到了,不久之后我们会回来讲述它最著名的谜团之一——斐斯托斯圆盘。现在让我们换到另一个岛屿,但我们不会走得太远。欢迎来到塞浦路斯,它是所有人的岛屿,但也是不属于任何人的岛屿。

这里气候炎热,可以看到远处的特罗多斯山脉,从高处到低处蜿蜒向海,山体上覆盖着含有铜和铁元素的红土。即使是在二月,在山顶还有零星飞溅的雪花的时节,这里已经是烈日当空,炽热的阳光无情地烘烤着大地。这里的道路满是尘土,生长着成林的柏树,空气中也弥漫着柏树的香气。

我来这里是为了看一看刻有塞浦路斯-米诺斯文字的泥版,拍几张照片,回去研究和分析。我计划来来回回几个月,写一本书。现在是2012年。逃往塞浦路斯对我来说是件好事,我之前在英国生活了近二十年,现在定居的意大利是我的第二故乡，我一直在那里寻根。

　　做研究的人都知道，一旦停下来就意味着放弃，这几乎是一种被动的行为——研究人员必须是灵活的，时刻准备好出发，紧跟学科发展，避免停滞不前。当然，这是一个主观的观点，也有一些研究人员是待在一个地方不动的，但旅行和研究，至少对我来说，是同义词。

　　我出发的时候带着一个明确的目的：去看看塞浦路斯-米诺斯的铭文，然后再去闻一闻柠檬的香气，塞浦路斯到处都是柠檬，那里的柠檬味道略苦。塞浦路斯有着强烈的边境气味——黄沙和沥青，这是我这几年对塞浦路斯的印象。它是昏昏欲睡的，同时又是暴力的。在这个经历了多次侵略、殖民和救赎，至今仍然主权分裂的地方，尽管城市的秩序安定了下来，但暴力却像空气中的尘埃一样仍在盘旋。

　　塞浦路斯的一切总是混杂的。种族、肤色、宗教、食物，在有序的混乱中，在一个和谐的大熔炉中。他们说，塞浦路斯有自己的逻辑，它是各方面都运转得很好的希腊。

　　塞浦路斯词典中有很多源自英语和土耳其语的术语，它是一种带有古老声音的希腊方言，混合着甜美的声音和音调，似乎在舌头上和上下腭之间跳舞。这里的咖啡有很多种叫法——土耳其咖啡、塞浦路斯咖啡、希腊咖啡或阿拉伯咖啡，但它们都是同一种咖啡，都是浓稠的混合物，用壶煮出来后，静置沉淀，味道酸如柠檬。几个世纪以来，在这片土地上使用的语言也很多。在现代，人们说的是希腊方言和土耳其语；在古代，说的是另一种希腊方言，它与腓尼基语混合，但两种方言划分得很清楚，每种方言都有自己的文字系统。

我们再往深处挖一挖，还有一种可能更古老的语言，出现在一片僻静的废弃的飞地上，它是真正的塞浦路斯语，塞浦路斯的母语。它存在于公元前1000年，也就是大约三千五百年前，那时的铭文数量非常稀少。这种语言是我们可以阅读的一种语言，因为它是用塞浦路斯音节写成的。塞浦路斯音节，又称古典（或塞浦路斯-希腊语）音节，同时它也记录了希腊当地的一种方言——阿卡迪亚-塞浦路斯语。所以同一种文字记录两种语言，一种是希腊语，另一种显然不是。塞浦路斯的母语似乎还是未知的——真相到底是什么？

要理解这一点，我们必须追溯到更远的年代，回到三千五百年前。我们登陆在一个当时非常繁荣富足的岛屿上，城市中心位于沿海地区，还没有任何一方的势力在地缘政治体系中占据突出地位。这里拥有一个权力平等的等级制度，铜（在拉丁语中是 *aes cuprum*，正是来源于该岛的名字）资源是与整个东地中海进行物物交换的筹码。从爱琴海一路扩张到安纳托利亚海岸的米诺斯克里特人似乎也经常光顾和访问塞浦路斯，尽管他们在过程中留下的文化痕迹甚少，其中之一就是文字。米诺斯的线形文字A被用来记录塞浦路斯语言，也许还有另一种语言。塞浦路斯语言和米诺斯文字混合在一起，由此衍生出的混合物就是塞浦路斯-米诺斯文。这就是塞浦路斯岛的文字，一座属于所有人同时又不属于任何人的岛屿上的文字。

1-2-3

我之前提到塞浦路斯-米诺斯文记录了可能不止一种语言。有关这个论点的讨论是公开进行的。二十世纪七十年代，这是在世界上为数不多的研究它的学者之间较为流行的理论：塞浦路斯-米诺斯文代表的不是一种文字，而是三种文字。从一些铭文似乎具有其他铭文所没有的标记，并且似乎书写方式有所不同这一事实就可以明显看出这一点。例如，从四块石板的铭文上便可以窥探到这些差异。

其中两块石板是连在一起的，现在我们搞清楚了，用的是某种胶连接的。所以它们应该是四块，但是因为有两块是拼贴在一起的，所以看起来是三块（图2.3）。

图2.3 刻有塞浦路斯-米诺斯文的四块石板

简而言之，这四块石板的铭文已经被区别出来：它们刻写的方式似乎与其他所有的铭文（CM 1）不同，所以用另外的名称（CM 2）来称呼它们比较恰当。我们也拿出我们在塞浦路斯以外的地方发现的铭文，当然这些铭文也非常稀少，让我们用另一个名字来称呼它们（CM 3）。1-2-3，就是这样，同一个文字系统的三个子组。这种分法有点不合逻辑，不是吗？我很困惑。而且我不是唯一感到困惑的人。

至少到目前为止，这种文字总共有不到三百个铭文。像这样的分类，是违背直觉的。1-2-3 的分类应该分别对着不同的语言，每种文字对应一种语言。

这种分法导致了近年来文字研究的一种复兴。就好像进行了一次精神上的慢跑，受到学者提出的最有力的质疑：难道就不可能根本不是这样吗？让我们用最科学的方法，试着证伪这个假设吧。并将它应用于塞浦路斯-米诺斯文：莫非这种分法不可行？一大批学者鱼跃般投身其中。

也许最终塞浦路斯-米诺斯文只是看起来像三种不同的文字，只是外观上的不同？鉴于它的多样性，刻在不同材料的物体上，例如银器、青铜器、黄金首饰、象牙、黏土，也许图形会根据刻印所用的材料而发生变化？然后似乎又有很多的刻写的工匠，每个人都有自己的笔迹——不同的人刻写的方式不同。这种文字好像没有什么标准，不受中央官僚机构的统一管理。又或许塞浦路斯-米诺斯文只是更"自由"一点？

那些顽固和有偏见的人总是想要确认他们已经知道的事情，当他们看到塞浦路斯的文字时，却不承认文字的随意性。这种态度是错误的，是没有意义的，只会导致研究止步不前。虽然塞浦路斯人使用的文字模型和米诺斯文字一样，但这并不意味着文字的写法也和米诺斯文字一样。让我们面对现实吧：塞浦路斯人，自鸣得意，做事情都是按照自己的想法来的。

那么我们要小心谨慎吗？没错，我们不得不如此。塞浦路斯-米诺斯文至今尚未被破译，因此没有人可以肯定地说它究竟表达了多少种文字、多少种语言。但是，越来越多专业学者质疑它其实是同一种文字而不是三种文字。我们将在接下来几章中重点来讨论这一点。现在，我们先不下定论，暂时将其搁置。

我的

有一件事情我们是确定的，那就是塞浦路斯-米诺斯文不是行政管理的工具。在这一点上，它与爱琴海世界有很大的不同。塞浦路斯的泥版虽然很少，但上面的铭文却很长。它们似乎是叙述性质的文字，而不是商品和产品的清单。这非常有趣，并且证实了一个事实，即青铜时代的塞浦路斯人确实采用了别人的文字系统，但他们也出于自己的目的对其进行了改编，而不是像"米诺斯工业家联合会名单"和"克里特岛国家财产明细"那样的经济报告。这些有点乏味的内容后来用其他材质的纸书写，比如羊皮纸或者纸莎草纸，而这些（让我们想象一下，就是一张张写满了数字的清单）因为材料容易腐烂而没有被保存下来，当然这是另一回事了。我们还是务实一点，我们不能在没看到的材料上建立假设。

我们来做一个想象的练习，不过，只是一定程度的想象。假设我们面前有一份未被破译的文字。铭文，甚至不是很多，我们看不懂，它们可能记录了不同的语言，也许只有一种语言。我们可以从这些无声的文本以及我们甚至无法编目的1-2-3的文字子组中得到什么？前景并不乐观，对吧？我的祖母会说，我们不能从萝卜中提取血液。发挥联想和想象的能力就在于，在即使不知道如何阅读的情况下也能理解。当然，要靠的是推理。

试试看？假设我们是阿加莎·克里斯蒂，正在努力寻找一个难以捉摸的杀手的线索。

线索1：塞浦路斯-米诺斯文被写在、刻在、画在、印在各种各样的物体上，正如之前说过的金属、黏土、象牙、烧制陶瓷花瓶，这些物体几乎都是非常珍贵且讲究审美的（我们认为的"美"，因为美的概念是有些纠结的，最好不要把它投射到古人的品位上）。也就是说，这些铭文绝对不是出现在常见的工具或器具上的。

线索2：文字写在珍贵的物品上，是为了给它们的持有者附加更多的价值，可以提高持有者的社会竞争优势。这种现象就暗示着持有者会有一种希望它们被人看到的渴望。我和他一样，我的物品也装饰有这样稀有而珍贵的东西——文字很少见，只有少数人使用，也可以用来让物品变得引人注目。我美丽的金戒指少了什么？缺了最后一步，即铭文。

线索3：那段铭文的内容会说些什么呢？那段铭文可能只是说"那个东西是我的"——不是你的，不是国家的，不是地方或中央政府的。是唯一的，是我独有的。别碰，把手放下！

这就是关于三条线索的内容，但我们也可以收集其他证据。让我们来看看这些贵重物品上的文字吧。它们很短，最多几个字，因为三百行诗句的史诗很难刻到一个罐子上。让我们观察得更仔细些。好几行字都是以相同的符号结尾。这个符号应该指的是某一件事情，因为它以一种惊人的一致性重复出现在词尾。这指的是什么事情呢？

可能是指出谁拥有该物品、物品的所属权、所有者的姓名，例如"第奇奥、凯厄斯和森普罗尼奥的戒指"。那些了解拉丁语的人都知道这表示的是属格。但是，我们不能断定塞浦路斯–米诺斯文中是否存在属格，因为我们理所当然地认为该语言就和拉丁语一样，是存在变格的。我们应该说它是屈折语，就和所有印欧语言一样。可以说塞浦路斯–米诺斯文是印欧语种吗？我们不敢这么断定。

但是我们对所有权的推断，有点自恋了。我们没有任何迈锡尼或米诺斯抄写者想要在某物上留下他的名字的证据，即使是在简单的行政文件上也没有发现。在前希腊时期的爱琴海，人们痴迷的是工业而不是自我，是生产系统而不是社会地位。相反，看看这些塞浦路斯人，他们前卫而注重形象，通过印刻文字来彰显身份。文字就是他们身份的象征，是一种奢侈品的个性化定制和炫耀。

国王的弹珠

塞浦路斯-米诺斯文是精英人群的游戏,而不是人民的游戏。历史上的人民从来都不容易被辨认出来,他们总是隐藏在国王、指挥官、伟人的斗篷的褶皱中,而在这里就更难了。村庄的生活难以重建,斗篷逐渐收紧,塞浦路斯的精英们在城市、他们的住宅、墓地、大型圣所和供奉"铜神"的大型作坊中随处可见。铜是真正的财富的唯一来源,是与地中海东部交换货物的筹码。在这个没有市场、没有货币的社会,它就是唯一的货币。

塞浦路斯人天生就是商人。他们已经有将近四千年的通商历史了,他们了解如何做生意,也有进取心,能够很好地管控着自己的生意。他们能够将各方势力联合起来进行金属的开采。而且,要制作青铜离不开铜的开采。因此,塞浦路斯人的青铜时代也意味着铜的时代。他们完全了解这一点,甚至将其货币化。"铜神"是神圣的,因为它意味着工业,工业就意味着财富。

这种针对铜产业的协调组织在文字中也可见一斑。在所有文物中,大约有一百个或略少于一百个黏土球,直径(约两厘米)非常规则,上面刻有形状非常细长的铭文,每个球平均有两个字,但通常只有一个字(图2.4)。球上是非常简短的文字,但我们脑海里却流溢出来各种想法:它们会是什么呢?它们会被用来干什么呢?玩弹珠?称重?许愿

图2.4 刻有塞浦路斯-米诺斯文的黏土球

球？子弹？看看这些猜想，想象一下考古学家运转中的大脑，想象他们脑海中用于寻找最隐秘解释的语言学神经元齿轮。塞浦路斯黏土球这个奇怪的例子能激发出他们多少想象力和创造力啊。

我选择更加务实的常识。看看这张在欧冠联赛中拍摄的小球的图片（图2.5）。现在再看看塞浦路斯的小球。明白了吗？

图2.5　欧冠抽签

抽签！最简单的解释总是最有说服力的，有时也是唯一合适的解释。如果它们是用来抽签的小球，它们会被刻上什么？其实这个答案也不难猜测，塞浦路斯人的足球水平还不是很厉害，他们最大的执念还是地位。

小球是特别烧制的，所以能够随着时间的推移长久地保存下来。重要的东西，又不是航行必需的物品，那么还有什么比自己的名字更重要呢？没错。在球体上刻着的就是个人的名字或官方头衔、公职。前者确定了特定的人，因此不是其他任何人，是排他性的；后者表示这个人是非常重要的人，可以通过他的社会地位看出来。但这些职位是什么呢？我们又如何确定它们真的是人名？

我们是有证据的，阿加莎（我）说。在之前见过的那些物体上，有一些字符序列会重复出现，都带有"所有格"的符号（表明所有者）。如果它们指的是所有权，那么我们在小球上没有发现这个标志，所以可以推测小球上的名词应该是

053

属于"主格"的情况，即主语。至少在恩科米遗址，也就是岛上考古挖掘工作进行得最密集的城市，考古学家也发现了这些小球，分布在宗教和工业密集地。我们已经知道，宗教和生产都位于铜作坊和神社，所以这些人应该就活跃在那个区域。他们应该是名人，处于社会金字塔顶端的名人。例如，牧师、高级官员、国王？

很难证明国王是否参与其中，但我们现在确信，站在我们面前的是那个时期塞浦路斯的精英。这些精英参与抽签选举一定是因为某些活动，也许是宗教活动，也许是政治活动。这个活动具体是什么，我们还不能肯定。但应该是一个公共事件或是一个重要事件，这一点似乎无可辩驳。

正如今天在足球比赛中所做的那样，球队参与抽签进行分组。也有其他发生在古代的类似的例子，例如两千多年前的希腊和西西里岛。然而，塞浦路斯人似乎是第一个采用抽签方法的民族。

明白了吗？

你们还记得公元前第一个千年时期使用的母语——塞浦路斯语吗？前文提到它是用经典的塞浦路斯音节拼写的，我们可以没有障碍地阅读。然而，即使塞浦路斯语是一种我们很难重建的语言，因为文本很少，但在一件事情上我们已经取得了成功——我们已经认识到了它的"所有格"。它的所有格看起来就像我们在塞浦路斯-米诺斯铭文中发现的表示所有权的所有格一样。同样的格，同样的词尾，同样的功能。塞浦路斯语从公元前第二个千年一直存续到公元前第一个千年，它可能是隐藏在塞浦路斯-米诺斯文后面的语言。

现在让我们把注意力转回塞浦路斯-米诺斯文。

塞浦路斯-米诺斯文不是第一种欧洲文字，但如果我们不算斐斯托斯圆盘（我们后面会讲到的"黑天鹅"事件），按时间顺序排列的话，它应该是第三种欧洲文字，在克里特象形文字和线形文字A之后。塞浦路斯岛是隐蔽的，它是一个充满不同声音、混杂着东西方气息的地方，它和克里特岛没有相似之处。它能带给我们惊喜，它融合了民族和香味、语言和声音、柠檬和咖啡这些只有地中海才能给它的一切。而这些惊喜就在眼前。

间奏

然而，地中海和世界另一端之间的距离很远。在环游半个地球之前，我停下来，暂时离开正题。我跟你们说说三个对我来说非常重要的，带有"i"的词。第一个词是岛屿（island），但这已经被理解了；第二个词是想法（idea），会时不时出现；第三个词是首字母缩写词 INSCRIBE，我很快会告诉你们它意味着什么。

我们从"想法"开始。一些难以捉摸，摇摆不定，有时不太可靠的想法,就像一个迷茫的情人,让我们迷失在他多情的海洋中。当不确定是追逐还处于暧昧期的恋人还是一闪而过的想法时,追逐后者总是值得的。

很快我就跑到一个私人荒岛上去追逐这些想法了。这不是一段特别的假期,而是一场实验。我的住宿是免费的,没有税金和额外费用,最重要的是我的住所非常基础并且没有多余的装饰。一位瑞典企业家将他的家提供给想要在一个没有与文明接触,没有电,除了屋顶、四堵墙(也许还有冰箱)之外没有任何其他舒适设施的地方获得灵感的人。每年提供一个星期,几张吊床散落在瑞典几平方公里的绿地中。

这是一座思想之岛,只能乘坐一艘六座的划艇到达那里,把规律的生活、世界上的实体、技术、思想都丢在陆地,给其他思想留出空间,自由的空间。有一周的时间用来默默思考是一种奢侈,但在这种情况下就不算奢侈。我将在这里撰写和思考有关文字的课题,并与我的小组其他成员们一起制定我们正在进行的有关如何破译未加密文字的计划。

是的,我的小组团队。我现在讲讲INSCRIBE。我的团队由欧洲研究委员会(ERC)资助,也就是由欧洲共同体资助,但我不是因为之前有几页写过关于欧洲的起源而获得佣金。我获得资金成立了一个研究小组,我的课题是文字的发明。INSCRIBE是Invention of Scripts and their Beginnings的首字母缩写词。我们用一种分析方法重建了这项发明,该方法采用了各种学科——语言学、考古学、人类学、视觉感知科学、认知研究以及数字人文学科。研究的目的之一是了解文字在世界历史上被发明了多少次,因为目前尚未能确定文字确切的发明数量。

不仅如此，我们还将破译策略应用于你们之前看过的那些未被破译的文字，诸如克里特岛象形文字、线形文字A、塞浦路斯–米诺斯文。

除了爱琴海的文字外，我们还研究了另外两种未被破译的文字，它们的发明可能是从无到有的，也可能不是：一种是印度河流域的文字，另一种是复活节岛的朗格朗格文（Rongorongo）。

我们接下来要讨论的正是后者。我们离开地中海的青蛙池（柏拉图说过，我们"就像环绕着池塘周围的青蛙或蚂蚁"），面向大洋，平静安详的大洋。

复活节岛

世界的肚脐

> 枯树没有阴凉,
> 蟋蟀不使人轻松。
> 干石头发不出流水的声音。
> ——托马斯·斯特尔那斯·艾略特,《荒原》

它先是被人发现,然后又消失于一片虚无之中,就像是一个奇迹。这里距智利海岸三千多公里,从圣地亚哥乘坐飞机横跨太平洋,飞行五个半小时后终于到达。

想象一下现在是1000年到1200年,我们到达了复活节岛。传说,这里的第一位国王霍图·玛图阿,带着几名男女和六十七块写满了字符的泥版,乘坐双体船和独木舟,从大洋的另一边到波利尼西亚群岛登陆。迎接他们的是广袤的海岸线、三座火山、一块三角形的土地、淹没在风中的山丘和一望无际的水域。他们当时不知道,自己的这次登陆将是这片土地殖民化前的最后一次登陆,他们也是最后一次踏上这片尚未开发的、干净的土地的人类。

岛上有棕榈树和其他树木,雨水在死火山的火山口聚积,从地面涌出淡水。根据最近的研究结果,波利尼西亚殖民者正是围绕这些火山开始建造阿胡(Ahu)的。阿胡即竖立雕像的石头平台,分布在靠近水源的地方。雕像就像旗帜一般,矗立在地平线上,象征着岛屿的祖先,标志着源头,像是过去和现在的哨兵,也是未来坚实的守卫者。

整个岛屿的天地都集中在一百六十平方公里内。从一粒沙中看世界,在一朵野花里看天堂,手心里握着无限——对于它的居民来说,岛屿就是世界的肚脐,世界的中心是Te Pito o Te Henua(在当地的拉帕努伊语中,意为"世界的肚脐")。

每个人都很难脱离托勒密的观点。如果不是围绕着我们,世界还能围着什么转呢?将自己从中心连根拔起会让我们迷失方向、头晕目眩,会破坏地球的自然运动——如果我们不是支点,我们就必然偏离轴心。为了使空间有意义,以免感到茫然,我们必须认为我们是唯一固定的支点,而其余部分则在移动。只有这样,我们才能将自己从无尽的迷茫中拯救出来。因此,从伊斯坦布尔、巴比伦、亚利桑那到复活节岛,整个星球上都布满了"世界的肚脐",这并非巧合。

人类的脚步很沉重。自从这些野蛮的人类第一次登陆以来,拉帕努伊(当地人对复活节岛的称呼)的脸就已经毁容了。巨大的棕榈树被摧毁、烧毁和连根拔起,用来火化死者、建造种植园和独木舟、竖立摩艾石像以及其他我们无法想象的东西。正如许多研究复活节岛文明崩溃的原因的书中所暗示的那样,老鼠可能不是罪魁祸首,人类以自我为中心的脚步就足够了。森林砍伐开启了不受控制的多米诺骨牌效应:风雨侵蚀、农业时断时续、农作物歉收、饥荒,也许(从人们的口述中得知)人类甚至还自相残杀。这是一趟毁灭之旅。就这样,这个"世界的肚脐",消失在广阔的海洋中,沦为一片荒地。

如果我们离开当下,时间也会像空间一样让我们眼花缭乱。复活节岛用了不到一千年的时间就达到了生态自杀。一千年,在整个地球四五十亿年的生命中,也就是一次眨眼、一声呜咽、一颗子弹射出、博尔特百米的时间。一转身,一切都已经过去了,与此同时,"世界的肚脐"也已经永远改变了自己的面貌。

奇迹

然而,在时间的花絮中,在博尔特的疾驰中,或者在心脏跳动的瞬间或睫毛的扑闪中,这片土地诞生了惊喜、呼吸和对生命的依恋,催生出了富有创造力的紧张、冲动和发现。在复活节岛上,这种创造力转化为令人惊叹的视觉文化。这里有刻在摩艾石像肩上的巨大而宏伟的符号,刻写在玄武岩和熔岩材质的石头上的岩画,以及一系列刻有密密麻麻的朗格朗格字符的木板。

木板数量很少而且上面的字符也不清晰，目前也都不在岛上。他们是按照牛耕式转行书写法（Boustrophedon）写的。牛耕式转行书写法是"跟随牛的路径"的文字书写方法，也就是说，每一行交替地自右至左和自左至右书写，就像穿插的锯齿形。朗格朗格文则更加复杂，因为它的牛耕式转行书写法是相反的——与第一行相比，第二行的字符是颠倒的，因此木板必须旋转一百八十度，以此类推下面的所有行。另外，得从下往上开始阅读。这看起来很奇怪，在读它的同时必须做一个动态的运动。

不管是岩画还是木板，我们都需要为两者的创造赋予意义，解释这种灵感，并回答两个仍然悬而未决的重大问题。

第一个问题：这是真正的文字吗？在拉帕努伊的荒地中构思出如此复杂和精致的东西，这几乎是一个奇迹。不乏有人将其视为一种原始文字形式，他们无法想象如何去重新定义这些奇怪的符号。它们都非常美观，又具有装饰性，也许只是用来给织物着色的模具。它们是男人、女人、星星、山脉、动物和多种鸟类的图标。它们如何代表一种书面语言呢？

还记得米诺斯的猫吗，被局限在绘画的定义里，而实际上是一个真正的字符吗？这次也一样。字符的事实很容易被象似性所转移；图画和符号之间的混淆是潜伏在所有被发明的文字中的大陷阱。而"发明"这个想法将我们引向第二个问题：朗格朗格文是一种从头开始发明的文字吗？有没有受到任何外部影响？在回答这个问题之前，我们必须先思考一下，并且与此同时，我们对那些认为朗格朗格文是图画的人进行了坚决的反对。朗格朗格文本身就是一种文字。我们可以肯定地这样认为，因为字符序列中的规律性模式表明它记录的是一种自然语言（而不是简单的装饰标记）。

下一步就应该是汇编一份所有字符的清单，但这就是后来遭遇滑铁卢的地方。二战结束后，苏联和德国的各种学校的学者都冒险投身字符的汇编工作，但没有取得共同的成果（气氛并不完全友好）。如果没有达成合作，只会造成混乱。得到的结果是各种假设和大胆的破译，以及一份扩充到冗余、前后不一致、图形粗糙的海量字符的清单。七百个字符未能被合理地整理为一份明确的清单。字符的数量大大增加，至少表明朗格朗格文是一个音节集合，带有一系列语标。目前还没有能够实现减少和清除清单里冗余字符的目标，但也快完成了。很快有一天我们会做到的。事实上，我们已经在努力了。与此同时，我们可以宣布朗格朗格文是一套音节标志，就像所有从头开始发明的文字一样（除了我们即将看到的埃及语）。

这就把我们带到了第二个问题，关于发明。我们必须跳回到近三百年前的过去，回到荷兰航海者队伍登陆该岛的那一天。那是1722年的复活节。他们发现岛上的树木被砍伐殆尽，地面干裂，但是这里的海岸还是一样陡峭，风也和第一个殖民地国王霍图·玛图阿发现这里的时候一样。当然他们没有随身携带木板。

那么，朗格朗格文的起源是什么？奇迹不仅在于朗格朗格文是在一个与世隔绝的地方被创造出来的，还在于这种创造可能没有明确的起源，可能来自当地人的聪明才智，而不是来自外国殖民者的"超文明"的影响。奇迹还在于他们创造的是前所未有的新事物，就好像在陡峭的海岸之间、在风浪和波浪之间毫无征兆地横空出世。有些人永远不会承认这种事情是可能发生的，但我跟他们不一样。任何时候，文字的发明都触手可及，在火山岛的岩浆褶皱之间，在文明化的城市的人口密集的各阶层之间，都有可能。文字的发明就在我们的大脑中，潜伏在拐角处，在运转中，只是我们自己被其他东西吸引走了。

并且，在发明朗格朗格文之前，拉帕努伊的居民是否有模糊地接触过罗马字母、殖民者的条约或者笨拙的欧洲字母，这些都无关紧要。拉帕努伊的居民在成为不幸的复活节"蛋糕"——成为入侵者和殖民者滥用的牺牲品之前，他们创造了一个使用全新符号的文字系统，这与欧洲人的字母表几乎没有任何关系。不可否认，它是一种新的文字系统，因此，顾名思义，它是被发明出来的。它是一套音节标志，就像所有从无到有的文字一样，朗格朗格文的符号形式也是象似性的。音节、象似性、符号的新形式都是属于他们创造力奇迹的一部分。如果这些文字结构上的线索还不够充分的话，在后面两页的讲解中，我们还将能够提供更加确凿的证据（至少比我略带个人色彩的判断更有力），以证明这是一项真正的发明。但首先让我们来到三百年后的未来，也就是今天。

渡渡鸟蛋

我们进入一间僻静的房间，灯光明亮，仿佛置身于真正的博物馆中。圣心会的阿尔贝托神父接待了我们。我们在罗马的北部，在一条无名的、周围都是房子、空无一人的街道上。我们像拜访朋友一样按响了大楼的对讲机，他们为我们准备了咖啡和一个令人难以置信的故事。为什么二十六块刻有朗格朗格文的木板有四块在罗马，在这个距离复活节岛有一万五千公里的地方？它们在这里做什么？阿尔贝托神父告诉我们，这些木板被很好地保存在圣骨盒后面，是被几个传教士奇迹般地救回来的，因为当人们发现这些木板从上到下都刻满字符的时候，它们正要被烧毁。"但这些符号是什么？"塔希提主教弗洛伦丁-艾蒂安·乔森是第一个使朗格朗格文成名并对其进行研究的人。他保存了这些木板，并在十九世纪末将它们带到了罗马。从那时起，它们就一直在这里，受到精心保护。

阿尔贝托神父对我们的故事也非常感兴趣。跟我们一起来的还有作为INSCRIBE成员的大地测量学和地理信息学专家，他们的工作就是使用功能非常强大的激光扫描仪获取我们要研究的所有未被破译的文字的3D图像，包括爱琴海的文字（克里特岛象形文字、线形文字A、塞浦路斯-米诺斯文），以及朗格朗格文等等。我们从意大利"世界的肚脐"——罗马出发，将要继续出行以寻找散布在地球上的所有铭文。除了塞浦路斯和克里特岛，还有其他地方——从圣彼得堡到夏威夷。

今天我们正在研究蛋形木板（Mamari）（图2.6）。Mamari在拉帕努伊语言中的意思是"鸡蛋"，即使木板的形状不是真正的蛋的形状，但它的边缘是浑圆的，具有柔和发亮的轮廓。蛋形木板的材质是木头，两面细细密密地刻满了无数字符，每一笔都没有深雕，每一个符号都柔软而优雅，形状蜿蜒而匀称。从这个描述来看，木板整体都很优雅，也确实如此，但对于我们的扫描仪来说，这是一场噩梦。所以我们来这里是为了实现我们的小奇迹：应用最有效的技术来创建一个3D模型，完美地捕捉符号的形状并保证我们之后获得最佳的"阅读"效果。这是一件我们已经为此努力了几个月的事情。

图2.6　刻有朗格朗格文的蛋形木板

这是决定性的一天，今天我们正在庆祝，因为结果是"可喜的"。"可喜的"是我团队里的一个工程师使用的形容词。对于普通人来说，这是"惊人的"。我们要理解这些大地测量学家们，因为他们是一个特殊的群体。他们是专家工程师，他们开发模型来研究和测定地球形状、大小和地球重力场，以及测定地面点的几何位置。他们是温和的，有自己的反应时间的，还有我现在也开始逐渐理解和熟悉的词汇——他们对对称性、秩序和校准脱离有一定程度上的痴迷。[1]

今天我第一次看到他们被感动了。看到一个眼睛闪闪发光的工程师就像在奥斯蒂亚的海滩上找到一只渡渡鸟的蛋。看着他们三个人露出迷人的笑容和一整排牙齿，就像是在他们面前出现了一个渡渡鸟动物园，每一只还都是活生生的。

我们需要这些3D模型做什么？这是我们的计划：创建第一个包含所有刻着朗格朗格文的木板的数字语料库，让所有人都能看到，让每个人都可以（即使是虚拟的）走到它们面前，触摸它们，放大它们，像在电子游戏中一样在屏幕上旋转它们。我们需要这些模型来完美区分符号的形状，查看每一个小细节，还原木板雕刻的过程。[2]这对于获得连贯字符的序列至关重要，我们可以从中重建文字的形态学（即语法）并了解是否有重复、语标、数字等。

这样一天的到来对我们来说是无法估量的快乐。因为看清符号只是第一步，但无疑是破解文字系统最重要、最根本的一步。识别出所有的符号就相当于给了我们一个起始音 la，以重建朗格朗格文发音的整个自然音阶。如果这都不能让人感动，我不知道还有什么可以，阅读的关键几乎都基于此。既然已经能够看到符号，我们必须得回到我之前提到的发明

---

[1] 内向的工程师和外向的工程师有什么区别？区别在于，在与你交谈时，内向的工程师会看着自己的鞋子；而外向的人看着你的鞋子。
[2] 可以这么理解，其实我们也想在家用电视游戏机上这样操作。

的证据。为了讲清楚这个证据，让我们回到摩艾石像，仔细地观察它们，先是正面，然后是背面。

石像背面

摩艾石像建造的早期阶段，可以追溯到大约第一波殖民浪潮的时期。石像被大批量地制造，形成千尊石像俯瞰腹地的景象，成为复活节岛的象征。这些宏伟的巨型石像如此引人注目，如此抓人眼球，以至于岛上其他所有的艺术表现形式（甚至比石像数量更多），都被人长时间遗忘在角落里。这是美本身的错，因为它把自己隐藏和保护得很好，让人很难意识到。只有更仔细地观察它，才能发现这迟到而微妙的美。浅浮雕或彩绘的岩画也许才是复活节岛上的真正杰作。

在拉诺卡乌（Rano Kau）有一幅三米长的叙事岩画，其图样是混杂的海洋生物，诸如人脸章鱼、幻想中的鱼鸟，看起来像是一个神话故事。还有其他几乎透视的尝试，叠加了鸟人的形象（图2.7）。到处都有鸟人，大眼尖喙，人形如胎。它们神圣而好战，让人想起战士的力量，想起勇士的力量。鸟人村，即奥朗戈村（Orongo），占据了在火山口最高点的位置，该地是复活节岛三角形的

图2.7 拉帕努伊的"鸟人"形象

067

一角，周围地势陡峭，一直延伸至海里。在这里，祭司们为"寻得鸟蛋"而欢呼，第一个带着完整鸟蛋返回的获胜者就是那一年的"鸟人"。

此外，还有海洋生物、拟人生物、海龟、鸟类、几何图案。我们发现它们也出现在摩艾石像的肩膀上。这些图像是我们在朗格朗格文文字系统中发现的符号的雏形。我们的注意力必须专注于这门艺术，将其置于时代的大背景中，来了解文字的来源。石像和岩画的年代是至关重要的。它们的年代肯定比朗格朗格文诞生的时间早了将近半个世纪，但这还不够精确。岩画中的符号与文字的符号非常相似，有些符号甚至与岩石上的符号相同。

这些图像似乎就是岛上文字诞生的源泉、灵感和原因，就像水源是建造摩艾石像阿胡的原因一样。这种相似性让我们印象深刻，并促使我们确定欧洲人根本没有参与当地文字的创作，他们对此没有作出任何贡献。朗格朗格文应该是自主、独立、自由发展的结果，是一种没有被外部入侵的文明污染的书面语言。它是一项发明。它的起源不难解释，因为它遵循了在其他地方已经明确出现过的类似的文字的形成轨迹。

同样在拉帕努伊，就像在克里特岛一样，正如我们将会在其他文字发明的案例中看到的那样——艺术遗产是基础，是创作灵感的基础。艺术作为文字的跳板，起到催化剂和赋予文字生命之火的作用。它还赋予了文字图形的结构。因此，文字发明的灵感来自自身，而不是外来的，从形式到逻辑都是。从图画到字符，如果没有艺术的参与，我们肯定无法理解那些文字。

为什么一定是鸟的图样？为什么岛上和文字里都会出现鸟的身影？为什么要将它们刻在摩艾石像的背面？将它们石化：用艺术手法使它们具有人的形象，但是无法移动。为什么要把它们固定在石头上？因为鸟儿可以飞走，离开岛屿，在闲暇时返回。而对于永远被困在荒凉的火山三角区的拉帕努伊岛民来说，这是他们不可能做到的。他们是活着的，但几乎是绝望的。

坦塔罗斯

未被破译的爱琴海文字——克里特象形文字、线形文字A和塞浦路斯-米诺斯文，可能隐藏着完全未知的语言，我们甚至不知道它们的存在。这将是一场灾难，因为重建一种未知的语言的道路要困难得多，而且破译成功与否也无法确定。我们无法通过伪证的方法来验证它，我们会徘徊在一种语言的灰色地带，悬而未决，只能扭着脖子，不得不往后看，沉默着，就像但丁《神曲·地狱篇》中第八层火坑中想"看得太远"的预言者们。

停在半路往回看，一定让人很不爽：这意味着要将语音应用于符号，从而使完整的符号和声音对应，意味着要采用这种方式来阅读文字。但这也意味着止步在这里，停留在语言形态重构的门外，不了解这种语言的结构原理以及它属于哪种类型。这就像坦塔罗斯的折磨——把我们逼到一潭池水边，身边是一树的水果，几乎就在手边；但当我们试图喝水时，水会退去；想要摘取水果时，树枝又被吹起，根本够不着。

基于朗格朗格文的情况，这种折磨是不同的，甚至可能更加"暴虐"。朗格朗格文一定是属于波利尼西亚语系的，并且与今天的拉帕努伊语有关。早在二十世纪末，就有研究者对当地居民进行了实验，让他们阅读朗格朗格文的文本，但结果没有任何意义，除了一些具有明确自然指向的标志，如太阳、鸟、嘴（但这些我也能读懂）。

显然，这种"图画文字"式的阅读，导致有人认为朗格朗格文是一个助记系统，本身并没有结构化。这就是问题出现的地方。现在我们需要了解拉帕努伊语言与其符号结构之间存在的逻辑联系。等式两边的可能项颠倒了过来：情况是语言是已知的，然而文字的类型仍然成谜（但我们希望不会持续太久）。

文字和语言两者之间的关系似乎在平行轨道上驰行。对于朗格朗格文来说，就好像我们能看到整幅拼图（语言），但我们看不到每一片拼图（符号）是如何组合在一起的。我们看到整部电影在放映，但我们无法以逻辑和关联的顺序重建它，我们连片子的情节都看不懂。说实话，整幅拼图的照片已经褪色，失去了原本的特征，不适用于摆在我们面前的这一块块拼图了。

理解文字系统的结构和类型已经是向前迈出了重要一步。今后需要做的事情是非常明确的：必须从音节标志开始，重构每一个部分语标、音节、限定词的功能。了解棋子如何在语言棋盘上移动是唯一正确的方法。让我们满怀信心地前行吧。前几天，在我们研究之前在阿尔贝托神父的小型博物馆拍摄到的珍贵的蛋形木板的三维模型时，我们注意到（当时我们也是眼睛里闪闪发光的）一些朗格朗格文的图示，可以清晰地辨认出某种字谜。当我谨慎地建议"那么我们可以破译它试试"时，我的一位同事用我以前从未听过的坚定语气，就像巴拉克·奥巴马一样，回答说"哦，是的，我们可以"。技术、古文、团队合作、逻辑——有可能，也许很快有一天，我们能够通过这些创造出另一个小奇迹。从渡渡鸟蛋开始，也许我们就能扛过坦塔罗斯的折磨和但丁《神曲·地狱篇》里对预言者们的惩罚，谁知道呢？

字谜

但是我们暂时先来谈谈这种"字谜"，因为它是另一种文字诞生的基本机制。让我们来看看字谜是如何诞生的。你们还记得音节吗？音节是基本的单位，因为音节可以使同音异义变得很容易。一种语言的单音节词越多，同音异义就越容易、越本能、越自然。这种同音异义的现象我们大家都非常熟悉。这就是技术术语中所谓的"字谜"（rebus），我们经常使用它，而且经常是下意识的。

字谜这个名词会让我们产生一些联想，因为它来自于拉

丁语的 *cosa*，而且一般出现在变格的形式里（*con le cose*，意为使用这些东西），在这里我们又回到了文字在语用学方面的内容。文字最开始的字谜是以语标为基础的，语标就是代指事物的符号。关键的一点是，一个语标的发音除了图画所代表的意义之外，还可以有其他意义。在古代汉语中，"马"的语标发音为ma，与"妈"的发音相同。一个语标可以对应两种不同的事物，但发音是相同的。有了这个多重意义的小实体，就可以拉近两个语义完全对立的事物的距离，继而创造出幽默的效果。

为了更好地解释这一点，我们可以使用一种当代非常流行的文字，一种非常接近图像的文字，它至少在基本层面上表现得与那些从无到有发明出来的文字很相似。它就是我们经常使用的表情符号（emojis）。

（对于那些抱怨和不同意使用表情符号，并质疑"我们是要回去用象形文字了吗？"的人，你们就得意地回答他们"是的！"。我会在本书的最后来解释原因。）

这个游戏还不好玩吗？还是你们已经在🍚了？（意大利语中"笑"的过去分词与"米饭"是同一个词）

灵感，魔法，一切的开始。所有从无到有发明出来的文字（即使是玛雅语，我们要重建起来也有点困难）都是采用字谜的方法，使用已经存在的符号和语标，并扩展它们的语义价值，也用它们来表示在语标层面上不容易表示的事物。早期的苏美尔人就使用箭头的符号（TI）来代表一个美丽但抽象的词til，意思是"生活、生命"。

庆祝一下，我们去喝一点 🐝 吗？①

还是不去了，我不得不打断美好的愿望，发出一个悲哀的声明：在意大利语中，单词之间的纯同音（无论是单音节还是双音节）现象还是很少见的。我不得不绞尽脑汁地寻找有趣的例子，我想出的最好的案例就是我们正在谈论的东西，👑🚌②，这是一个合成词，因为由两个不同的词 re 和 bus（单音节词）组合，我们得到了新的单词 rebus（字谜），其含义与这两个词中的每一个都不同。要在我们的语言中找到完美的字谜的例子，需要借助一个 🎿 ✋ 的力量。③

然而，当我们运用字谜的原则，创造出一串完整的意义，超越了词的界限，有明确的停顿时，我们可以理解得很好。但如果这个概念对你们来说似乎很模糊，别担心，那说明事情比你能理解的更难解释，因为字谜是本能的、不费脑子的、合乎逻辑的。你们试着理解下面这个表情符号，你就会明白一切：

🚗😂CA🦷🦷④

完整意义的单词的边界不是语标词的边界。字谜是一种即时游戏，它是一种发现。它不需要几千年的孕育和积淀。谁知道在历史进程中，有多少人曾经多少次都想到过：一个事物的发音可以指称另一个具有不同意义的事物。但是把它

---

① 意大利语中的蜜蜂（ape），也是开胃酒（aperitivo）的简写。
② Re 皇帝 -bus 公交，意为字谜（rebus）。
③ Scia 滑雪 -mano 手，意为萨满（sciamano）。
④ Auto 车 -ride 笑 -CA-denti 牙齿（复数），意为颓废的作者（autori decadenti）。

写下来，就是跨越了一大步，因为这意味着触发了一个不可阻挡的过程，一个不可抗拒的发现。这个发现标志着一切的开始，奠定了一切的基调，确定了文字发明的手段的成功。

这里，我说的是"发现"。最早的一批文字的字谜让我们明白了重要的一点：文字首先是一种发现，是共鸣的灯泡被点亮的过程，是一种自然的手段，是扩展意义可能性的自发性游戏。它也是一种直觉，可以用来表示很难用象似性符号表示的单词。因此有时会产生一种无意间的幽默，是可以自行理解的，无须太多解释。发明则是另外一回事。

3 被发明的文字

城市

回到我们之前提及的那两个伟大的故事，现在我们来介绍第二个故事。第一个故事是关于岛屿，关于创造，关于未被破译的文字的结局，以及有关它们所有的奥秘的。之后我们还会提到它们，因为它们将在我们的文字破译实验中充当我们的"实验室小白鼠"。现在我们来谈谈一个关于成功、成长和扩张的故事。谈一谈国家和城市，谈一谈我们阅读的文字（有一些例外）以及我们理解的语言，谈一谈真正的发明。

如今的人类学模型中，国家和文字总是被认为是相互依存的，彼此之间互相作用，就像母鸡和蛋（虽然不清楚哪个先有）的关系一样，嵌入历史的轨迹中，造就人类文明。在国家（或被理解为微型国家的城市）模型中，社会作为复杂的系统，其发展已经完备。人们也理所应当地认为如此复杂的社会也一定会发展出同样复杂的文字系统。在这个观点中，仿佛没有文字的城市是无法运行的，没有城市的文字也注定要毁灭。因此，城市和文字是不可分割的一对，共同凸显出人类在表达、技术以及认知等方面的复杂和精致程度。

这个模型其实行不通。的确，伟大的古代文化——埃及、美索不达米亚、中美洲和中国——都先后发明了文字，以一种看似独立、自主、没有外部输入的方式。四次灵感的迸发，四次发明（几乎都是成功的），但这并不意味着文字是定义文化复杂性的基本要素。相反，正如我们即将看到的，世界上充满了没有文字的灿烂文化，而另一方面，各种文字也从社会肥沃的腐殖质中破土而出，就像沥青熔流中意想不到的绿色萌芽。在最隐秘的角落里，谁知道什么样奇妙的炼金术会为人类带来这些奇妙的发明。

对模型或类别的确定一定要谨慎，因为一个不成立的中间环节、一个例外、一个奇点，就能够破坏整条逻辑链。正如物理学家费曼所说，例外并不能证实规律，但可以证伪规律。然而，无论如何，这不能阻止我们按照明确的定义对生物进行分类以此认知整理世界，对称和秩序会营造出一种控制感和安全感。如果人类运用理性来修复、清理周围的事物，创造一种虚假的安全感，对不可预测的事物进行修补，人类就会显得不那么像动物。是否觉得难以拥抱真正的美——那种混乱的美？更难以抗拒的，不得不冷静屈从的，是人类对于整理世界的强迫性痴迷。

那么国家或城市及其与文字的关系应该不仅仅是相互关联的，还要用定义文化复杂性的其他所有要素（商业、城市化、社会分层、技能专业化、自给经济以及我们的老朋友——那些书写文字的人）来衡量相互之间的关系。问题是在文化进化的过程中，是否存在普遍的模式和基本的要素？

是否必须是通过"a-b-c-d-..."才能到达x？我们是否能够通过列出必要条件来衡量这一切？

世界上的人分为两种类型：列清单的人（列出要做的事、要买的东西、要思考的内容、不去做的事情）和拒绝列清单的人。显然我们很多人都在列清单（在我的桌子上有一个笔记本，封面上用金色的字体赫然写着"必做清单"）。不言而喻，我属于坚定的列清单强迫症患者，我不知道我强迫症的程度是多高，但在我看来它非常高。据说有三分之一的列清单强迫症患者使用代码来编写列表，使用其他人难以理解的首字母缩略词（当然我也是）。列清单强迫症患者严格地执着于手写。在电脑上制作清单就像在维基百科上学习，没有什么能留在脑子里，第二天就会全部都忘记。并且，如果不手写清单的话，那种只有在纸上用钢笔列完一张大表格后才能体会到的胜利的满足感要到哪里去找呢？最后，看一看清单中已经被画掉的完成事项，一切都有了意义。即便只是在写清单，我也已经感觉到乐趣了。

我们不得不承认列清单对我们有好处，但只能起到安慰剂的效用。而且它们并不总是有效，那么，将城市和文字的成分列为清单又会如何呢？我们接下去看。

国家官僚集权论者

地球上出生的人太多了，而国家就是为这些多余的人发明的!

瞧,它是怎样诱惑这些多余的人到它那里!

它是怎样吞食并咀嚼他们!这怪物大声吼道:

"人世间没有比我更伟大的了!上帝借我的手来进行统治。"

——弗里德里希·尼采,《查拉图斯特拉如是说》

人类学小课堂:社会复杂性具有三个发展程度。最先进的是国家,其次是平等主义的和由首领(自治领或"酋长国")统治的分层社会。最古老的最初形态的国家,在建立之前,从来没有与任何可能影响它们的类似的实体有过接触。它们在积累的复杂层次上发展,慢慢地获得成长必需的各种成分。如果这些国家是最古老的国家,它们也是原始的。如果说复杂社会是母鸡,那它们就是最原始的蛋。因此,它们的发展也是原始的。我们称它们为"初级"国家。从零开始发展成为国家,没有外部力量的参与。

初级国家的发展是在与其他国家的接触中进行的,贸易活动使其繁荣和成长。它有一个控制着所有领土的明确的中心,在那里它经历萌芽、成长、分层和扩展的全过程。这种集中制意味着行使这种控制权的策略和规范。国家领土扩张得越多,国家中心就越需要保持权力的集中。在人类扩张的过程中,会创造出"丑恶"的东西,比如官僚主义。为了保持控制,中央权威建立起一系列规则体系——变得官僚化。因此,官僚机构的诞生与国家的诞生有很大关系。

考古学上可以观察到初级国家的形态分布在中美洲、瓦哈卡河谷和阿尔班山遗址。这些地方的官僚化机构和寺庙是在公元前300年到公元前100年左右发展起来的（大约与罗马帝国的扩张在同一时期）。在公元第一个千年里的前几个世纪，同样在秘鲁，在北部海岸（加伊纳索），我们也看到了类似的扩张。更早的，在公元前4000年中期，埃及（涅伽达一期和二期）和美索不达米亚（乌鲁克，位于今天的伊拉克）也进行了大肆的领土扩张，兴建了大量宫殿和权力中心。几个世纪后（公元前3200—公元前2600年），随着哈拉帕文明的诞生，同样的现象也发生在印度河流域；以及再晚些时候（公元前1800—公元前1500年），还发生在中国的中部，河南地区的二里头（黄河沿岸）。

人类文明的六个摇篮，每一个都是独立文化传统的产物。六个复杂的核心，六个官僚主义的中心。官僚主义并不能通过电话进行口头控制，它需要创建一个具有各级代理人的网状结构传递消息。因此，官僚主义的诞生意味着文字的诞生。

组成社会复杂性的成分通常是交织在一起的。存在一种假设，也近乎是科学的预测，就是当人口超过一万时，国家和文字会同步发展。两者当中的某一个发展得比较突出时，另一个也会同步发展，没人能搞清楚哪一个在先，哪一个在后，但是两者之间的催化作用是相互的。两者都是在环境选择性力量（人口增长、农业生产、仓储等）的推动下触发的现象，就像达尔文式的进化过程中的众多事件一样。

就像突如其来的多米诺骨牌效应和点燃的导火索，导致变化的因素相互关联。进化的齿轮是一台难以捉摸的机器，它可以随心所欲地加速和减速，但永远不会停止。在这些进化和变化的时期(在我们的例子中,就是初级国家的诞生和文字的诞生)之间会穿插着长时间的稳定期,在这段时间里,几乎一切都保持不变,处于令人安心的稳态平衡。上帝在第七天也会休息,因为他在短短一周内完成了一场美丽的变革。那么文字诞生了,一切就都安定了吗?

不完美的配对

显然,情况并非如此。有些帝国、文明、文化在没有文字的情况下也得以生存;有些文字像牡蛎中的珍珠一样诞生,没有预兆,没有伴随着领土扩张,也没有使用需要。如果去除官僚职能,文字的作用似乎就失去了价值。那么应该把它放在哪儿呢?

还有一些因素也促进了文字的发明,但它们和疯狂的官僚化没有必然的联系。文字的诞生具有偶然性,它无法通过清单、模型和牵强附会的等式进行系统化解释。即使亲朋好友在仪式上打赌这对夫妻什么时候会离婚,有些婚姻还是能延续下去。因此,有些文字,就像夫妻,他们不管别人的赌注如何,依旧庆祝着自己的五十周年结婚纪念日。有些文字就像赛马比赛中,和纯种马比赛的那些不被看好的驽马。下面就让我们看看它们,看看这些无能的驽马,看看这些堂吉诃德的坐骑"驽骍难得"(Rocinante,名字取自西班牙语,意为瘦马,劣马)。不过有一件事情我们可以确信,它们可比国家官僚集权论者的无聊清单要有趣得多。

在考古学和人种学数据的帮助下,我们了解到有些文字是在一些意想不到的地方诞生的(或者至少按照我们预设的模型,它是意想不到的)。①我们后面将会发现,官僚化国家机构之外的文字有很多,并且都非常生动,非常有创意。我只挑选了其中几个例子,但都是非常有趣的。

我们先来看一看卢恩字母(Runes)。在北欧传奇《埃达》(Edda)中,奥丁是主神,卢恩人手里掌握着人类命运的线索,卢恩字母就是卢恩人雕刻在世界树上的魔法铭文(当我小学读到这些故事,发现文字就是"秘密"的时候,我感到欣喜若狂)。卢恩字母表被称为"弗萨克文"(Futhark),是对罗马字母表的重新改编,带有伊特鲁里亚语的一些特征。从二世纪起,在丹麦和德国北部发现的数千件物品上都出现了卢恩字母的铭文(图3.1)。这些铭文就是证明。这次是魔法、咒语、占卜和预言的胜利,连中央政府的影子都没有。

图3.1 在瑞典阿伦图纳发现的卢恩字母的铭文

还有提非纳字母(Tifinagh),一种古老的辅音文字(和

---

① 这里我要感谢艾利克斯·德·福德(Alex de Voogt)撰写的有关人种志的出版物,对我在这一部分的写作有很大帮助。

阿拉伯语一样），至今仍被北非的图阿雷格人用来记录的柏柏尔语。当然，图阿雷格人没有形成国家级的组织，也没有涌现出一批政府机构专家。提非纳字母非常美观，但它似乎只模模糊糊地在符号的形状上受到腓尼基字母的影响。另一个非常特别、非常有趣的方面在于，图阿雷格人属于一个口头交流的社会，交流的实现在很大程度上是基于记忆的。这里的文字所具备的功能与我们在其他文化中见到的文字不同，它似乎只是为了好玩而被发明出来，纯粹为了猜字谜，为了可以在各种地方留下简短的铭文和涂鸦。只要仔细观察提非纳字母，就都明白了——看起来就像是为了某个科幻电影而虚构出来的文字，美丽、简单，不带有任何明确的目的（图3.2）。

图3.2 在阿尔及利亚发现的提非纳字母铭文

在非洲大陆撒哈拉以南地区，至少有十四个文字案例，它们是由希望拥有自己文字的组织在还未发起独立运动之前创造的。中国的西南地区是纳西族的聚居地。纳西族是少数民族，与其他少数民族相比，它的人数并不多。就在一千年前，纳西人创造了一种美妙的文字来书写他们的宗教文本。一种非常具有象似性的语标-音节文字系统，东巴文字。

如果你们去云南丽江，会看到它仍在被使用，因为东巴文字正在经历一场复兴。你们可以在商店招牌、路标上找到东巴文字，但几乎没有人会读写。它具有社会和政治意义，是一种声明，是表达纳西族身份的工具。看一下位于丽江的一家大型咖啡连锁店"星巴克"的招牌是如何构成的（图3.3）。上面共有三种文字：最上面是东巴文字，小字体；然后是汉字；最下面是英文字母。在东巴文字中，第一个符号是三颗星（star），第二个符号是花（bbaq），第三个符号是狗（kee）。美式咖啡也可以有纳西风味。

图3.3 中国，写有（纳西族）东巴文字的咖啡馆招牌

085

还有太平洋中密克罗尼西亚的加罗林群岛，当地居民在二十世纪初发明了一组音节来记录他们的沃莱艾语。不幸的是，这不是一种长寿的文字，但如果我们仔细观察（图3.4），我们会发现一些充满创造性的东西，包括改编自拉丁字母的基础符号和一系列原创的新符号，其中音节是根据字谜或同音异义的方法创建的。在沃莱艾语中，音节 pu 意为"鱼"，呈现鱼的形状；音节 shrü 是鱼骨的形状；音节 lö 是瓶子的形状；ngä 是竹子的形状；warr 是独木舟的形状。用加罗林群岛的符号来装饰独木舟或房屋的墙壁要比用赋税来控制人们来得更重要。海洋才是人类的主人，而不是国家。还有切诺基音节文字、克里音节文字，以及北美和加拿大的因纽特文字。它们都不是为国家权力中心集权服务，只是为当地人和他们的语言服务。

图3.4 加罗林群岛的音节表（沃莱艾语）

相比之下，科尔马（kerma）作为苏丹地区的一种古老文化，五千年前就已经达到了国家的程度。它在尼罗河沿岸统治了上努比亚地区至少一千年。埃及人称它为库什（kush）。库什的领主当然不是新手，他们是勇敢的战士和久经考验的弓箭手，他们会交易象牙、黄金、乌木。而文字呢？他们还没有。

我还可以继续举例子。国家和文字是不完美的对应关系、一场包办婚姻、令人怀疑的配对。最大的错误是将文字的目的、开始和结束以及最终意义都归因于官僚主义。这种论断太过轻率，像一片乌云一样长期以来笼罩着文字这一世界上最伟大的发明，并且像所有牵强附会的概括一样，夺走了文字发明的灵魂。文字的生命力在于大脑和人类语言、在于想象力、在于我们在地球上扎根的需要、在于为我们自己和世界上的事物命名的最终需要；不是在国家这个冰冷的怪物的办公室里，用来制定税收、罚款和购物清单的工具。

发明与意图

那么什么是发明呢？你们一定会说："发明就是创造一些以前不存在的东西。"你们说得没错，就是这样。一项发明与感知到一种缺乏有关，而这种缺乏可以通过从头开始创造一些东西来弥补，检测到问题并找到解决方案来解决它。它发生在人类第一批工具的发明上，尤其是新石器时代的工具。

为了切碎、折断或切割某些东西，人类制造了锋利和坚硬的工具（燧石）来帮助劳动生产。想想如何把食物送到嘴里这类问题，通过在勺子上巧妙地添加手柄改进了现有的解决方法，能抓取更多的食物。同样地，发明叉子是为了插起或卷起意大利面。一开始这是可以用手做到的，为了解决问题，我们需要使用工具。

如果发明意味着补救和解决问题，那么国家官僚集权论者的论调就是对的：文字的发明是因为有控制土地和人民的需要。我记不起是谁说过的，"笔是比剑更强大的控制工具"。①但如果真是这样，那么我们应该可以认为文字的发明是有意图的，是一个探索、寻求、规划的过程。不是半路突发，也不是灵光一闪；而是故意的行为，是有意识的。

我们遇到了一个问题，或者至少我遇到了。因为这本书反复重申文字是一项伟大的发明，我要在此重申我的观点，即文字总是拥有一个爆炸性的发现作为导火索，并且它不是，至少在一开始的时候就不是发明。我再说得直白些。对我来说，发明与尝试是相同的，但要理解文字，把必要性和目的牵连进来是没有用的。必要性（即解决问题的需要）并不总是发明的原因。事实往往是相反的，也就是说，我们在发现或发明某物之后，很有可能会了解到它具有某种新的功能，与之前我们所预见的完全不同的功能。你们还记得字谜和同音异义的奇妙效果吗？没错，那就是一个发现。发明在这个

---

① 我查了一下，原话的官方来源是政治家兼作家爱德华·布尔沃-莱顿（Edward Bulwer-Lytton），但这句话历史久远，和世界一样古老，而且肯定有人在他之前就已经想到了。

发现之后，它是发现的结果。发现之后经过反复推敲，逐步发展，归类分层。它需要试验运行，需要投入时间精力，才能成为发明。

是时候看一些文字的伟大发明的案例了，看看那些原创的发明，那些从零开始的，没有受到任何可能已经发展出文字的其他文化的影响的发明。我们将看到埃及、中国、美索不达米亚和中美洲的文字发明。这些文字只在一定程度上遵循模板，具有较高的适应性和灵活性，能够随着生活状况的改变而做出调整。有史以来伟大的发明——车轮、电力、计算机、核裂变——无一例外都来自灵感的迸发。那一秒钟激发的创造力火花，就可以产生巨大的变革。从革新性的发现中提炼，逐渐使其完善才是真正的发明的过程，就像一个闭环一样的完整的过程。这中间需要很多努力、时间、直觉、远见以及策略。

下面让我们来观察下这个巧妙的、人造的和不完美的机制的运转过程，近距离了解这项伟大的发明。

森林

一百年前，经济学家弗兰克·奈特将不确定性与风险区分开来。他说，不确定性是由于知识的缺乏而导致的无法预先计算的结果。但是，风险是可衡量的，因为它是能够根据潜在结果或回报的概率来计算的。对于不确定性，人类几乎没有任何办法，因为无法确定不确定性，这几乎是哲学范畴。根据定义，不确定性和风险都是对未来的投射。

我们正在努力探寻文字的发明，正在回溯过去的路线。我们对历史的检验是冒着很大风险的，稍有不慎就会犯错。出于这个原因，在很长一段时间内，甚至是现在，学者一直在争论一个最重要的问题：文字被发明了多少次？如果不能做到百分百确定发明的次数的话，那能够大致确定吗？

直到四十年前，我们才确定人类历史上只有一次发明。这种现象是如此被广泛接受，它被赋予了一个响亮的名字——一元发生说。发明只有一次，不接受其他解释。永远没有什么是被二次发明的，就像人类不可能发明两次轮子。

如果你们试着深入回忆自己的过去，我相信这个权威版本的事件听起来会很熟悉，你会产生普鲁斯特式的模糊记忆——在小学或者中学的课堂里，美索不达米亚的楔形文字是历史上唯一的、最早的文字发明，所有其他的文字发明都是从它衍生出来的。但是海马体会玩弄我们的记忆并操纵记忆的清晰程度，所以也许你们不会记得有位老师说过要给以上内容加上这句说明：尚未确定文字准确的发明数量。和海马体一样，我也是在拿你们的回忆开玩笑，因为你们的老师可能从来没有说过这个。

四十年来，自从我出生以来，我的观点发生了很大的转变，一元发生说的想法也变得不那么绝对了。从二十世纪七十年代开始逐渐被破译的中美洲铭文被认为是一项文字发明，玛雅人的象似性符号本身可以作为一种文字，是一项没有受外部影响的独立的原创发明，尽管这个理论不得不经过一元发生论者不太令人信服的审查。这些美洲印第安人的图样，如此多样化，如此富有想象力，与美索不达米亚完美的、程式化的楔形文字相比如何，与我们文明的真正摇篮相比又如何呢？

在科学和生活中，如果至少发现两个特定案例，便可以联想到还有其他案例存在的可能。埃及的文字不仅几乎与美索不达米亚（公元前4000年开始）的文字同时代，而且从表面上看，可能更早，即使略有不同。那么埃及也可以在没有外部介入的情况下自主地从头开始创建一个文字系统，甚至可能在楔形文字出现之前。而中国，即使是在公元前第二个千年的末期，也发明了一套全新的文字系统，与埃及或美索不达米亚的完全不同。

四项发明，现在几乎都可以确定存在。那么是否还有其他发明呢？答案并不确定，但很有可能。我们也已经提到过它们。复活节岛可能独自创造了朗格朗格文，没有受到欧洲征服者的影响。在印度河流域出现了哈拉帕"文字"，这是一种重复性和公式化程度较高的文字。然而，关于后者，一直存在着不和谐的争议，因为从严格意义上讲，它能不能算一种文字，还存在疑问。

为了回答"文字被发明了多少次？"的问题，我们在着眼于个例的背景和细节的同时，有必要开阔我们的视野。文字的发明需要一些必要的步骤，正如我们后面会看到的，无论这项发明是否是从无到有的创造，这些步骤都具有一些结构限制并呈现出许多趋同的特征。换句话说，这些发明虽然是在各自独立的平行轨道上移动，但都遵循着类似的形成路径。

这些路径在基础和结构方面彼此相似,但并不影响它们之间存在的差异。那么,人类不仅有可能在历史上多次发明了文字,而且这种可能性还非常大。

拥有全局视野意味着要把握两个方面:相似之处和不同之处。我们这些研究文字的人(也许不仅是我们)必须走出区域性的、低级的、狭隘的视野,尤其是从本专业中走出来。我们必须走出爱琴海、埃及、美索不达米亚和中国,拥抱整个世界、无限的广阔世界。是时候做出改变了,不再做那种见过数千棵树,但从未真正见过森林的人了。

法老时代之前

营销

埃及是一个奇怪的国家。几乎没有人知道如何阅读和写作的古代世界里，所留下的文字记载很少，但埃及为我们提供了流水般的文字记载，没有任何不得体或多余的部分。他们在其狂热的笔墨中，用一系列挑战永恒的图像、叙事、伟人和死者的故事吸引着我们的注意。为了让你们更加直观地了解这种如"尼罗河"般的文字的数量和密度，这里有一个文学的类比：如果把文字比作作家，那么埃及象形文字就是列夫·托尔斯泰，他会在任何地方写作，并且总是着眼于细微之处。托尔斯泰是个长篇写作爱好者，四千年前的埃及人也是如此。当托尔斯泰为他的作品中的人物赋予生命时，埃及人对他的文字也是如此。埃及的符号充满了生命力：抹掉某人写下的名字就等于杀了他；删改危险动物的符号会使它们无法伤人；但这是法老制度成熟时期的埃及。如果在最开始时候，情况就不一样了。

实际上，所有开始都具有任意性，通常是神秘的，有时是偶然的。想要搞清楚发展过程中的某件事情是从哪个时间点、哪个时刻真正开始的，即使不是不可能，那也是非常困难的。那么，与托尔斯泰不同，与晚些时候的埃及不同，初期的埃及文字是非常简洁的，几乎是一种速记文字。最初的象形文字莫名地会让人想起托尔斯泰笔下的一个伟大人物列文。托尔斯泰把他沉默少言、深思熟虑的性格勾勒得如此精妙，以至于感觉列文就是作者自己。毕竟，一个写得很多的人也常常是一个沉默少言的人。借助小说中的一个场景，我们可以很好地理解最早的埃及象形文字铭文——列文第二次向他心爱的基蒂求婚。[1]列文用粉笔在桌子上写下一串求婚编码，使用的是单词的首字母（qmar: qnpesmoa）。基蒂看完立即就明白了（经验丰富的解码达人，基蒂）[2]，表示欣然接受，然后也以同样的方式回应他，也写下了一串单词首字母。

有时候（但只是有时候），两个人要了解彼此并不需要太多言语。

早期的埃及象形文字与列文向基蒂求婚时写的首字母编码没有什么不同。我们所在的地方是干旱炎热的沙漠平原，非常靠近尼罗河。1988年的一天，一位德国考古学家和他的

---

[1] "避免长时间注视它，就像对待太阳一样。"在第一次求婚时，她拒绝了他，因为她在等待另一个男人的求婚，而另一个男人在小说中显然是个坏家伙。

[2] 我来给你们解码，Quando mi avete risposto: questo non può essere, significava mai o allora?（首字母：qmar: qnpe 和 smoa）意思是"当你回答我：这不可能，那意思是永远不可能，还是当时不可能？"

团队发现了一个巨大的坟墓（U-j墓），由十二个相互连接的房间组成。坟墓位于片区里墓地群的中央，但它是建造得最精致的一座，又位于中心地带，非常突出。这个地方靠近阿拜多斯，墓园的名字叫作乌姆·卡伯（Umm el-Qa'āb，在阿拉伯语里面意思解作"陶罐之乡"），里面到处散落着数以百万计的陶器碎片。

几个世纪后，拉美西斯二世的父亲——法老塞提一世的神庙也建在这附近。但在那个时候，在公元前3320年，还没有法老的踪迹。记住这个日期，在公元前3320年，也就是五千多年前。这是前王朝时期的埃及，在阿拜多斯的墓葬中有数百条其他东西的踪迹，包括一些非常重要的东西——迄今为止发现得最早的埃及文字字样，尽管学界对此还存有争议的。

这些最初的字符出现在花瓶、印章和大约三百个像邮票这样的小象牙匾上（图3.5）。这些象牙匾像商标一样被穿孔后用绳索系在织物、皮包或花瓶等物体上。标签的字符（仅仅其中一部分）会让我们联想到我们在接下来的时期将会大量发现的埃及象形文字。那些文字才是我们真正感兴趣的。

墓中一些从东方进口的

图3.5 古埃及阿拜多斯U-j墓中发现的铭文标签

095

酒罐也引起了我们的兴趣,这些罐子上有松脂香味白葡萄酒和无花果的残留物,以及用于密封的签章。前王朝时期的埃及人爱喝质量得到认证的甜葡萄酒,并将其密封保存以保证其正宗的口感。酒瓶的密封签章与现代商标没有太大区别,就和我们在酒瓶上或任何其他要宣传的产品上发现的商标一样。密封签章体现了酒的品牌,只需要几个词几张图就足以表现。想想我们今天的商标,这完全是同一回事。

这些物品与死者存放在一起,也是为了让后人铭记死者:它们似乎在告诉我们这些死者是谁,与我们谈论那些关于死者的事情。这些死者之中可能还有上埃及国王蝎王一世,代表他的蝎子标志被反复地刻写,以纪念他作为国王的身份。这些标签很好地体现了当今营销的关键词:品质、可靠性、所有者。在阿拜多斯,我们看到了该商标的史前史,或许,这也是文字发明的真正开端。

创造的原理

阿拜多斯U-j墓的象牙牌匾上有分散的符号和非常简短的符号序列,数量众多。上面所刻写的符号包括动物、植物、人和山的形状,也有一些线形和几何符号。在各类铭文中,有一些与神圣和世俗的庆祝活动以及商品的数量和种类有关的符号。有些符号似乎形成了一种叙事,甚至有人提出它们记载了一种人类的祭祀活动。这些字符很奇怪,因为即使某些符号能够与随后几个时期的象形文字产生联想，也不能说其他所有符号也能够，因为它们没有相似的地方，没有可比性。我们应该如何阅读它们呢？然后，前文已经提及，标签不是唯一被刻写的对象。我们还在酒罐上发现了一百多处铭文，这些铭文是用墨水画上去的，由蝎子、鱼、猎鹰和船等符号组成。

我们面前的是真正的文字吗？文字的发明真的是从这里开始的吗？显然，辩论仍在进行中，而且非常激烈。这是因为如果U-j墓的铭文代表的是一种真实的文字，那么我们应该重新审视一下多年来根深蒂固、在学校传授的、代代相传的对文字发明的传统看法。美索不达米亚将被赶下领奖台，它不再是第一个发明文字的，排名将会发生变化。

我真的很喜欢辩论，尤其是如果第二名综合来看比第一名更可信的情况。让我们继续探讨。现有的材料难以解释这个问题，即使并不缺乏材料但也只能提供有限的帮助，符号系统似乎有其自身的合理性和连贯性。

在人类、爬行动物和哺乳动物等众多符号中，还有一个符号也很常见，那就是"塞拉赫"（serekh），它表示王宫的正面，上面有一只猎鹰。这个符号一直是国王的代表性纹章标志。牌匾上这些符号的组合是变动的，这个特征也是指向文字系统的证明，说明它们不仅仅是简单的图画。就好像埋葬在这里的前王朝时期的埃及人利用了以前就已经存在的图样，将其引导到其他东西的示意上来——统一的发音。极具辨识度和象似性的符号、标志、根据语言学技巧重新排列。至少，看起来是这样。

但是，有些人认为这些符号与后来文字的相似性非常有限，只有鸟、水或许还有眼镜蛇的符号比较相似。简而言之，就是只有几个单辅音字符是相似的，而且它们与"经典"象形文字的关联可能只是偶然的。它可能只是一个基础的象似性系统，似乎与后来的文字没有太大的关系。简而言之，它可能只是灵感来源的基础，而不是文字本身。它还没有经过充分的演变，还没有成为文字。

但是这些标签已经拥有了系统性和一个秩序。它们想告诉我们一些具体的东西，而不仅仅是这幅画明显的示意。它们是被赋予话语功能的，是在和我们讲话，它们不是随意地说话，而是用埃及语和我们对话。名称和确指似乎是通过单一符号标记的，类似语标符号。但不仅如此，在某些情况下，一个符号会帮助另一个符号的阅读，为其添加语音或意义信息。让我们举个例子。大象的符号（$3bw$）加上山的符号（$h3s.t$）所指的地方不是象和山，而是埃利潘蒂尼岛（Elephantine）。换句话说，我们已经处于字谜的萌芽阶段：山的符号告诉我们，它指的是一个地名，一个地方的名字，而不仅仅是一种动物。发音是相同，但语义范畴不同。这是同音异义。

这个游戏也可以在其他的牌匾上看到，不仅有地名，还有人名，以及其他不是特别清楚但仍然插入在连贯字符序列里的符号，同时这些序列里还掺杂着象形符号。这其中有一定的合理性，可以看得出来。因此，认为我们面前的符号是仍然"落后"于文字的形式，这种观点有些偏颇。它们绝不仅仅是图标！还有一些数字，即使它们没有与符号一起出现在标签上，而是单独写在旁边的，单独写在其他标签上，也为我们提供了有关埃及前王朝时代的埃及人的认知能力的重要线索。正如我们后面会看到的，在美索不达米亚，这些数字也是在这场"谁是最早诞生的文字"比赛中的有力证据。它们为文字的发明保驾护航，提供帮助，并给出正确的方向。在埃及，当时已经有十进制的计数方法，这是一个以后都不会改变的系统，在这里似乎也已经得到充分的阐明。

密封签章则是个相反的例子。它们不包括文字符号，和象牙匾遵循同样的组成逻辑风格，主要用来装饰。总之，它们看起来也很不错。它们是对牌匾的象形文字符号的完美补充。

一切似乎都在告诉我们，摆在我们面前的是一种文字系统的雏形，是胚胎中正在孕育的象形文字。文字的发明由此开始。文字的发明是渐进的，它是一个需要通过缓慢积累语言意识才能形成的系统，它是对符号形态渐进式的选择，它是一种杠杆效应，是那些只允许在一个方向上移动的齿轮。像棘轮的轮齿，逐渐地、不断地前进。从专业术语的角度讲，我们称之为棘轮效应。棘轮效应是没有回头路可走的。

入侵领域

事实上，棘轮的轮齿根本不会减速，相反，它会不断激活，发出快速的咔嗒声，所有的轮齿都在转动，不受任何阻碍。在一百年之内，仍旧早于第一王朝开始时，文字被用来作为木板和祭坛的石板等仪式性物品上的图像装饰，例如著名的纳尔迈调色板（图3.6）。铭文的重点始终是名字和关于统治者的描述。象形文字的总数增加，并固定下来，在较短的时间内发展成为一个完整的体系。尽管繁杂的句法要稍后才会出现，但文字内部的机制已经崭露头角。

图3.6 纳尔迈调色板

这种文字的目的非常明确，是为了彰显人的身份，使用大量生动活泼的象形文字来描绘人的声望。象形文字从来都不是孤立存在的，它们总与图像及图像组合同时出现。当时的埃及，文字和图像这两样东西不断互相渗透，带来一场场富有感官刺激的视觉盛宴。象形文字就像是一场纪念性的展览，是对重要人物的纪念；在这些图像充满和谐的美学编排中，这种意图显得更加突出。奇妙而难得的是，两者都没有压制对方之势：象形文字和图像纹饰相互依偎，相辅相成，构成平等和谐的关系。

但埃及文字入侵图像纹饰领域的脚步并没有就此结束。它们越过了埃及的边界，可能完全颠覆文字发源地的结论。我们已经提到了埃及有可能在美索不达米亚之前发明文字。就像我前面说的，陪审团还没有做出最终裁决，即使相关的线索已经很清楚了。如果真的是这样，那么埃及象形文字至少比楔形文字早了一个世纪，如果你们再仔细想想，这可不是一件小事。除此之外，埃及象形文字还可能颠覆另一个结论——文字的真正目的，文字发明的开端。美索不达米亚，作为世界上发明文字最早的（假定的）地区，长期以来对文字的发明产生了很大的影响。正如我们后面会看到的，为了实现更好的管理，美索不达米亚宫殿的官僚机构需要通过计数的方法来进行管控。官僚主义至高无上，管控机制也随之变得复杂起来。在我们努力将国家官僚集权论者们赶出门去之后，他们又成群地从窗户进来了。不过，我们暂时先不说他们了。

当时的埃及，法老的统治正在孕育和诞生，这样文字是有些反常的。它们探出头来，大力宣扬重要人物，穿插在图像之间，描述着人物的生平，堆砌着人名的金字塔。它们向我们讲述着那些名人的故事。不过，埃及官僚机构的经典形象还是基于稍晚些时期的材料。但无论如何，即使这些文字是为统治服务的，它们也始终锚定在一个强大的意识形态结构上，这一点从古王国时期的墓葬中可以看出来。

祭祀。我们必须摆脱这种观点：朝着利维坦形态发展的社会，必须发展出与文字这种语言形态密不可分的方法去实现管控。让我们面对现实吧，没有文字的发明仍然可以实现管控，它们将文字看作管控的工具是一种狭隘的、受限的视角，而不是用于创造、计算和祭祀中。

101

石头客人

　　我从一开始就说过,这本书不是关于字母表的,那个我们都已经非常熟悉的字母表。我有意识地避开了它,但我知道它像莫扎特作品《唐·璜》中骑士长的鬼魂(石头客人)一样飘浮在空中。字母表的存在感是溢出的、无孔不入的,甚至在没有它在场的情况下也能感受到。我们西方人,但不仅仅是我们,如此沉浸在这种对字母的崇拜中,以至于我们已经将它的创造视作人类交流中唯一的筹码,就像几乎所有家庭餐桌上都必不可少的面包一样。毫无疑问,它的族谱,讲述了一个令人难心置信的成功的故事——一个几近占据整个世界的帝国的崛起。除了一些例外,世界上所有的字母——不仅是罗马字母,还有希腊语、西里尔字母、阿拉伯语、希伯来语、泰语——都来自同一个模子。而这个模子就是埃及的象形文字。

　　字母表在历史上占据了一席之地,因为它是革命性的。这一点我也必须承认,虽然我对它有点偏见,但这是客观事实。它的符号数量有限,每个字母对应一个发音,学习起来比较简单。毫无疑问,它是文字的"奥卡姆剃刀",书写系统中的玛莎拉蒂。

　　然而,历史的发展是随意的,它并不总是沿着线形而清晰的路径通向简洁。历史是一条充满十字路口的道路,充满了错误的岔路,还有坑洞、弯道,甚至是事故。也许今天字母表被广为人知是因为我们错过了一个路口,也许是一个坑洼阻止了其他同样快速行驶的汽车在历史道路上继续行驶。

我们使用字母表，也许丢失了一些改编、修改和变化。它运转顺利，但获胜者并不总是实至名归的。字母表的确赢了，即使它的起源并没有多么了不起。

我们现在位于西奈半岛的沙漠中，公元前1900年，差不多四千年以前，但这个时期可能不太准确，前后可能有几个世纪的出入。这个地方有一个埃及人设立的岗哨，一个开采绿松石的矿场，附近还有一座供奉绿松石和矿石女神哈索尔的神庙。哈索尔保佑每一个人，包括来自尼罗河三角洲的工人，他们连埃及语都不会说，只会说一种称为迦南语的西北部闪米特人方言。我们之所以知道这一点，是因为在通往寺庙的道路上，有大约四十条写在岩石和雕像等小物件上的铭文。铭文使用的是埃及象形文字，但没有记录埃及语，记录的是迦南语。也就是说，埃及的象形文字符号被用于记录另一种语言，并且字母被重新调整用途用于记录另一种语言的发音。因此，牛头形状的象形文字符号被赋予迦南语的名称alp（牛），房子形状的象形文字被赋予迦南语的名称bayt（家），棍子形状的象形文字被赋予迦南语的名称giml（棍子），依此类推。

这是一场在远离城市的制度和文化边缘区域展开的巧妙实验，由一群半文盲以极大的智慧和直觉展开。这些人每天都在为供奉女神和增加埃及王国的财富而劳动。几乎令人难以置信的是，字母表的起源（aleph、beyt、giml等）竟是如此卑微、如此压抑、如此低调。

但是，伟大的事情往往诞生于小事，这也是事实。许多世纪之后，希腊人对字母表进行了真正意义上的推广。但是这个小小的开始，这个创造的开始，原本也可能会像它被创造时那样轻易地、不明就里地永远遗忘在角落。只需要走上一条岔路，出一点差错，它就有可能会经历截然不同的命运。

命运的滑动之门

我必须为了自己的目的来编造一个故事。请原谅我稍微改编了《滑动之门》(*Sliding Door*)这个故事的情节，我证明这是个原创故事。故事是这样的。

格温妮丝·帕特洛1号正巧赶上了地铁班车，顺利回到家，却发现男友和另一个女人在一起，于是她把男友赶出家门，给自己剪了二十世纪九十年代都市时尚风格的短发，成为一名成功的企业家并最终找到了自己的人生伴侣。而格温妮丝·帕特洛2号错过了地铁班车，继续被出轨的男友欺骗，一生一事无成，最终在一场车祸中丧生。下面我来给你们介绍字母表领域里的格温妮丝·帕特洛1号和2号：阿波加德字母表（Abgad）和哈拉哈姆字母表（Halaḥam）。两个字母表都是从原始西奈字母演变而来的，至少在五个世纪后，学界才证实了这一点。并且两者使用的字母表在形式上是相同的，唯一的区别是序列中字母的顺序。

目前还留存有一些泥版，上面以相同的顺序刻写了这些字母，这也很好地证实了这一点。这些泥版在当时就是一种教学工具，用于教授学生如何书写和阅读字母表中的字母，作为识字的基础。字母表中字母的顺序有两种：一种遵循北闪米特字母顺序，也称为阿波加德字母表（命名来自 alep、bet、giml、dalet）；另一种遵循另一种字母顺序，被称为南闪米特字母或是哈拉哈姆字母表，命名来自前四个字母的顺序（he、lamed、heth、mem）。

将这两种字母表联系起来的纽带是叙利亚的一个城市，叫做乌加里特。在公元前2000年的末期的乌加里特，也就是原始西奈语起源几个世纪之后，人们使用了一种与腓尼基语非常相似的北闪米特方言。学校也教授这种当地的语言，乌加里特语正是使用了这种字母表，用楔形符号书写的，就是我们后面会看到的楔形文字（图3.7）。书写方式类似于美索不达米亚的文字，但字母的发音是当地闪米特语的发音。正是在乌加里特，阿波加德字母表和哈拉哈姆字母表这两个字母表相遇了，即使时间很短，但也曾经在同一批学校里共存过。

图3.7 用楔形文字书写的字母表，叙利亚乌加里特

但是一阵风吹过，命运的转折，意外的交汇，很快就将它们的道路和命运分开了。阿波加德字母表被传播到腓尼基商人的语言中，成为一名成功的企业家，通过销售实惠、实用的产品赚钱，在世界各地经营，被希腊人吸收，并在几个

世纪以来学习了数百种语言,成为"字母先生"。

哈拉哈姆字母表从乌加里特移居南方,被践踏在阿拉伯半岛商队的驼蹄之下,他的踪迹消失在茫茫沙丘中。只有几块墓碑,上面写着几句稀少的铭文,能让人偶尔想起它。这些铭文虽然很美丽,但只能被遗忘在乡间和郊区。它成为书呆子和戴着眼镜的教授(我)自我标榜的小众乐趣。就算不情愿,哈拉哈姆字母表也注定要被遗忘。它是命运随机的牺牲品,命运的骰子没有眷顾它。我们的"石头客人"来了,他对着唐·璜大喊:"悔改吧!"唐·璜不知悔改。无论如何他都会死。

两河流域

标志

　　据说在美索不达米亚，也就是现在伊拉克位于底格里斯河和幼发拉底河之间的地区，文字是从卵石中诞生的，数千颗古老的石头散布在整个中东的广阔地区，从巴基斯坦到伊拉克，再到伊朗，再到今天土耳其的一部分。最早的卵石可以追溯到一万多年前，当时人类的踪迹仍然像沙子上的脚印一样飘忽不定，几乎没有定居的地方。

　　这些类卵石的历史和人类的文明、农业的开始以及定居下来种植的人历史一样悠久。美索不达米亚文字的起源与地球、家园和房屋的原始观念密切相关。美索不达米亚文字是一种持久、坚实、有序的文字，即使在其演变的各个阶段也是如此。

　　文字是从卵石中诞生的这个理论并不是每个人都能接受的，但它具有很强大的力量，并对文字的起源产生了很大的影响。卵石是一些由石头或黏土制作的小标记，专业术语称为"标志"（token），并被塑造成不同几何形状——球体、新月形、平行六面体、圆锥体。每个都对应一种类型的商品。在使用泥版这种形态计数之前，货物和物品都是用卵石标志来计算的：这样羊就有了自己的卵石标志，牛和面包也一样，以此类推。卵石标志的种类很多，有将近五百种。在计算完后，卵石标志被安全地锁在一个空的黏土球内，这是一个装满卵石标志的球。球的外面会被压上印章，做法有点像用蜡密封的信封。

下面就到了泥版出现的时候了。最初的想法真的很明智。卵石标志也被用来从外面给大球的表面盖上印记，标记下里面存放的东西，类似于"这里是我数过的五只羊的账目"。随着时间的推移，大球会变平。这样，三维的球体就过渡到了平面的二维泥版。

所以，这就是楔形文字的碑文诞生的时刻，而且不仅如此，这就是楔形文字的载体诞生的时刻，最早的原型。像钻石一样坚不可摧，只有水才能延展和毁灭的泥版诞生了。

在它的基础上，发展出现在你手中拿着的一本书或一个平板电脑，以及智能手机的先驱。在这个时刻，公元前3200到公元前2900年（不是很精确的日期），所有技术之母——手持设备的原型诞生了。人类交流中的重要工具正是在历史上的这一刻诞生了。正是在这一刻，信息才真正意义上变得触手可及。

这个理论还告诉我们，印在泥版上的，用于计数的又重又扁的卵石标志，其形态与文字最早的象似性符号有关（我们可以说是"象形的",但你们已经知道这个定义是模糊的)。[1]问题也由此产生。我们只提出其中两个问题,就足以让这个理论产生很大争议。泥版上的卵石印记是用来计数的,如果果真如此,那么它们的形状与最初的文字符号并不完全相同。只有其中的一些形状是可以让人产生联想的,例如羊的印记。另一个问题是卵石标志的形状自公元前8000年以来一直保持不变,直到在大约公元前3200年文字出现。这些标志不太可能在广阔的地理区域内保持数千年不变,然后变为前楔形文字系统的符号。

如果形状上的问题还不能够产生质疑,这里还有一个对方法的质疑,因为该理论将数字和字母放在一起,认为后者是直接从前者中衍生出来的。也就是说,从数字直接到字母。这也许是最难克服的问题,逻辑链条中崩坏的一环。将字母带入数字领域,将它们插入到相同的进化路径中,将它们混合在同一个大熔炉中,这是一种牵强的行为,过度的强调秩序和规则,如同非要拉长一条本身就很短的毯子。

计数不是书写,卵石标记也不是字符。使用这样机械的模型很难重建如此复杂的过程。同样也难以想象如何进行这趟通向文字发明源头的征程,因为它似乎是一场在广阔、缓慢、无限的地理空间中穿越千年的无情旅程。但我感到一种广场恐惧症。文字发展的道路是漫长的,同样也是曲折的。我们可以在不借助数字发明的历史的情况下解释它。

---

[1] 象形文字不是语言表达的手段,它只是图画符号的一个初级阶段,与发音的关系尚不清楚。

无声电影

这是一部电影。我们就称它是一部古老的电影"长片",因为它持续了几个世纪。屏幕上打出字幕:乌鲁克(Uruk),第一座大城市,位于美索不达米亚南部。镜头变焦放大到第一批泥版上。印在黏土上的符号形状清晰可见,这些就是数字的前身——个位,十位和百位。它们与成熟的楔形文字系统将使用的数字符号是相同的。

现在,镜头移动到数字符号,一串楔形文字,一个完整的数字系统。让我们把镜头停在极少数表意符号上,在这个阶段,人们开始计算,开始计数,但没有真的书写文字。镜头一闪而过,时间飞跃。我们正处于公元前第四个千年之初,在乌鲁克第三到第四王朝的阶段,一些惊人的事情发生了。我说惊人是因为我们可以一步一步地跟随它的演变。电影节奏放慢,新符号作为电影的哑角缓慢地出现在泥版上。这些就是图标。没错,主角来了。但是它是从哪里来的?

它不是来自卵石标志的数字符号系统。它来自某个已经存在的系统,来自我们在石印上发现的历史悠久的图形。这些符号按照一定图样进行组合,形成了一个故事,具有叙事结构,遵循情节发展。正是从这个情节中诞生了第一批"象形字":来自艺术的融合,来自重复和重现的形式,而不是来自一大堆数字。

镜头飞跃几个世纪,从乌鲁克变换到更北一点的杰姆代特奈斯尔。这里图标与数字结合在一起,我们的电影接近尾声了。图标和数字的结合,这个稳定而富有成效的联盟的目的是维护美索不达米亚官僚机器的运转。数字的书写规则变得更加复杂，毫无疑问，这是为新城市的经济服务的。大量泥版，上面的符号似乎表明了工作地点和职业。系统由此运转。电影的结局是完美的，但是少了一个主角，它通常是反派角色。它就是语言。

问题或许还没有答案。即使这个文字系统带有一些抽象元素，但它还不是楔形文字，它仍然是具象的、象似性的（图3.8）。它仍然处于文字的原始阶段，被定义为"原始"，因为我们还没有弄清楚两个最根本的问题：这些符号是否具有语音功能，以及——如果有的话——它们记录的是哪种语言。原始楔形文字还是个谜。最简单的答案是苏美尔语——最古老的美索不达米亚语言。除此之外，要想出其他可能的语言就要破坏连续性，产生变化，并且不容易找出来。但是仍然缺少了一些语言学要素：第一批与语法有关的线索可以追溯到大约公元前2800年前。至少在原始楔形文字发明之后四个世纪。四百年的时间，什么都可能发生，对吧？

图3.8　刻有象形楔形符号的泥版

在这部很长的电影中，在安邦定国这个慢动作放映中，一帧接着一帧，我们经历了文字发明的缓慢过程。由于缺乏精确的语言符号和语法联系，这是一部无声电影。

当然，没有什么能阻止楔形文字此后的蓬勃发展和迅速扩张，因为它已经与官僚机构的命运相连。应该说，它与管理和控制有关。我们重点来说说楔形文字这个"无声"的阶段。现代支付方式，例如账单，我们在上面会看到语法、句法或复杂的语言符号吗？都没有。只是为了问别人要钱，的确不需要成为语言大师。文本的格式对于理解目的很重要，比如数据的分类方式。通过表格等形式，可以很清楚地明白在哪个部分能够找到必须支付的金额。所以在原始楔形文字泥版上也是如此。形式决定内容。大列小列排得明明白白，一眼看过去，立刻就能找到对应的项目。

"字谜"的歧义

苏美尔字符最开始的目标仅仅是作为语标，因此只致力于呈现孤立的单词，无论它们是动词、名词还是形容词。举个例子：苏美尔语"写"的动词是sar，也就是"植物"的意思。我们已经看到了"芦苇"的术语是gi，它也可以表示动词"偿还"。这是很早就在楔形文字历史中发现的两个"字谜"（同音异义）的例子，就紧接在"原始"时期之后。苏美尔语的单词往往由单个音节组成，因此语标既具有这些词的含义，又具有以音节表示的语音功能。例如，语标ku_6具有鱼的形状①，并且也具有 ku 的音节功能，在苏美尔语中意为"鱼"。音节 ku 也可以用来构成其他单词。一个符号就可以有多重功能。苏美尔语单词单音节的高频率出现促进了这种机制的应用。

然而，苏美尔语单词的这种单音节性质存在一个固有的缺陷，这使得意义变得有点模糊。例如，如果两者的术语相同，表示"书写"的含义与表示"植物"的含义有什么不同呢？或者"水"这个词，它在苏美尔语中也表示位置格（表示某人在某地，例如法语的 chez 或拉丁语的 apud）？你们会说可以"从上下文"理解，但是苏美尔语是精准的，只参考上下文还不够。为了区分不同的类别，他们创造了另一类词：限定词。

限定词没有什么可读性，因为它们仅用于指示类别，指示某些语标所属的类别。例如，树木、植物和木制物品前面都有"木头"的符号，城市前面都有城市的标志 uru，神前面都有神的标志 dingir。这种技术有助于消除歧义，让看的人不犯糊涂。人们使用语标来说明他们正在谈论的事情。如果说同音异义是所有文字自发的一种权宜之计，从汉语到埃及文，那么这一类无声限定词也是如此，因为所有早期的文字都有区分相似发音字符的不同含义的需要。这种限定词虽然精练，但是从中能看出早期的语言符号是多么地不完整。限定词几

---

① 同音的各种字符之间的区别是通过右下角标示的数字来实现的（比如ku_6，这个6就意味着还有其他五个不同图形形式的 ku）。

乎无处不在，不仅仅是在美索不达米亚。它们本身也是一些词语，而且几乎是孤立的词语。

只有在下一阶段，我们才看到苏美尔语的第一个语法元素出现。没有任何一个文字系统在其发明的时候，或者是从一开始使用的时候，就能够完美地与口语对应，能够完美地覆盖和满足口语的所有功能。文字发明最开始时就和学步的孩童一样。刚开始学习走路的时候，在双腿还不能很好支撑的时候，他们需要倚着椅子，靠着门框，双手伸展以保持稳定——这些支撑物就是他双腿的延伸。因此，苏美尔字符的名词、一些动词、各类形容词，就是口语的延伸、用来提示的备忘录、避免理解偏差的补救措施，如同刚开始学走路的孩童所倚靠的椅子和门框一般。

"联合国"

> "这是楔形文字啊！"
> ——《恩美卡和阿拉塔之王》（苏美尔史诗）

开头总是如神话般的，沉浸在几乎梦幻般的古色中，一切都变得柔和，有些细节精确而清晰，有些则模糊不清。遥远回忆里的玩笑，总是比现实更美好，所有人都为之倾倒，也包括美索不达米亚人。

据说，乌鲁克国王恩美卡发明文字是为了给他的对手阿拉塔之王发送一条长信息。当阿拉塔之王收到这封刻在泥版上的信时，他惊呼出你们在本书最前面读到的那句话。恩美卡的信让阿拉塔之王大吃一惊，以1∶0的压倒性优势在智力上击败了阿拉塔之王。讲述这段逸事的文本是比较后期的文本，大约在公元前2000年，它使距今非常久远的文字发明恢复了神话般的光泽。在神话里提及楔形文字的起源，会提到文字的精确性，尽管我们很清楚楔形文字是后来改编过的，与它起源时的样子大不相同。

从公元前2800年开始，文字的发音逐渐占据显要地位，借助语音标记，符号将自己从图像的约束中解放出来，并从所代表的事物的形态中解放出来。笔头不再是尖的，而是三角形的截面，整个图形系统被简化，弧线消失了。这种象似性的丧失是一个渐进的过程，经历了三百年左右的时间。楔形文字不再是"原始"的，也不再具有可立即识别的符号；它成为完全的楔形文字（或全楔形文字）。在这个过程里，抽象符号数量增多，符号类别更加繁杂，但也出现了其他问题。苏美尔语是一种孤立的语言，没有近亲，是孤儿。它也是一种黏着语。它的符号库中不太会出现同音异义和开音节。但是，如果有一门完全不同的语言要代替它呢？它要如何适应呢？如果要简短回答，答案是"会比较困难"。要长篇大论详细来论述，答案就在下面。

历史语言学题外话（上篇）

语言世界分为几个大家族。

屈折语，比如所有欧洲语言（从拉丁语到德语，除巴斯克语、芬兰语和匈牙利语外，所有其他语言），使用多功能后缀进行名词和动词的变格和变位。例如，拉丁名词系统的第二变格以-us结尾，限定了三件事：性、数和格，如dominus：阳性、单数、句子的主语。

闪米特系的语言就属于这个大家族，尽管相隔甚远。闪米特语族的语言，如希伯来语和阿拉米语，词根由三个辅音组成，中间穿插元音和其他词缀（例如前缀和后缀）以确定单词的功能；例如，阿卡德语词根 prs（决定）变成了 apparas（我决定）（"a"加在了辅音之间）。

另一方面，黏着语（例如现代土耳其语或苏美尔语）具有单功能后缀，一个接一个地连接在一个字符串中。苏美尔语的词根也是以这种方式组合的，没有内部变化，以固定的词组相互连接。很明显，这里描述的两种语系在结构上非常不同。当然，还有其他语言类别，比如比黏着语更加复杂的综合语，但我们在这里就不讨论了。

闪米特语言的特点是元音和辅音交替，灵活多变。你们想象一下，在楔形文字被植入到以单音节为主、可变性极低的苏美尔语中之后，当某种闪米特语言要采用楔形文字记载时，会发生什么？是不是觉得异想天开？事实上，它的确正在发生。约公元前2300年萨尔贡国王击败乌鲁克王卢伽尔札吉西，将首都迁至幼发拉底河上的阿卡德。阿卡德是一个尚未被发现的城市，一座没有遗迹的城市。但是，关于阿卡德的语言，资料非常多，有成千上万的泥版。阿卡德语是闪米特系语言，楔形文字系统不得不去适应阿卡德语元音与辅音交替的特征。

为了使文字系统适应一种完全不同的语言，有必要使苏美尔语的语标变得更加灵活。于是，众多音节符号闪亮登场。阿卡德语中有许多复杂的词根结构，迫切需要可变音节，而苏美尔语的音节数目是不够的。我们想出一个复杂动词，例如 aštanapparakkim（来自词根 špr），它在阿卡德语中的意思是"我会继续给你写信"（就像恩美卡对阿拉塔之王的威胁）：动词的词根是三个辅音，如果要按音节划分，就必须使用很多音节，aš-ta-na-ap-pa-ra-ak-ki-im。挖掘出语标的音节潜力，这是决定性的一步，尤其是在需要写出一些外语名称的时候，需要对其进行准确的标注。这必须以音节本身的灵活性为前提，也就是说它应该不仅仅只出现在"自然"结构（辅音+元音）中，还可以出现在相反的结构（元音+辅音）中，甚至出现在更复杂的结构中（辅音+元音+辅音）。

还存在苏美尔语中没有的阿卡德语发音，例如 ṭ（发音类似于意大利语里的 / z /）。这个问题很快就解决了，只需要应用同音异义的方法即可。例如，语标 giš 在苏美尔语中的意思是"木头"，在阿卡德语中是 iṭum。那么，语标也承担阿卡德语音节 iṭ 的功能，并且也适用于相似的声音，例如 is 和 iz。想象一下，大约六百个符号都应用了类似的方式，存在大量多音调符号（例如，音节 ni 可以对应六个形态上不同的符号）和谐音符号（同一个符号可以对应多个语音，彼此之间有很大的区别，例如 ni、né、lí、lé、ì、zal）。一个符号过剩的文字系统，当然不是一个经济实用的系统。

历史语言学题外话（下篇）

尽管存在这些复杂情况，但对楔形文字进行的改编奇迹般地奏效了，它真的可以用来记录阿卡德语了。楔形文字记录语言的这种方式不仅开始流行，而且在几个世纪后，它在整个中东地区变得非常普及。范围扩大到十多种语言：埃布拉语、埃兰语、古波斯语、胡里安语、赫梯语、帕拉克语、卢维语、乌加里特语、乌迦利特语。还有很多很多，但我列出这些就足够了。这些语言是不同的，但一种单一的书写系统在它们中广为流行——楔形文字成为了一种跨语言、跨国和跨地域的通行证，它才是中东真正的统治者。但一个伟大的统治者背后，总有一个伟大的伴侣。在这种情况下，楔形文字的伴侣就是阿卡德的语言。

几个世纪以来，楔形文字与阿卡德语的配对一直关系稳固，进行着最高级别的交流。青铜时代的所有帝国（赫梯、亚述-巴比伦、埃及等）只有在阿卡德楔形文字的帮助下才能维持国际关系、经济往来、外交关系以及真正意义上的闲聊。我们想象一下当时的信使是什么样子的，他手持刻有铭文的泥版，在不同季节里的沙漠、大海、山脉之间穿梭，在抵达时现场直接写下对方的回复，一一记下这些被宠坏的国王的抱怨，来来回回，一趟又一趟，持续了数百年。这个配对的关系一直持续了整个公元前的第二个千年，一直是有效的，国家与国家之间通过单一的沟通方式团结在一起，而不是通过民众。阿卡德楔形文字是全世界（或者说是当时已知的全世界）精英手中的交流工具，是青铜时代的中枢网络、联合国,重大的决定和战争都编织在阿卡德楔形文字中。就像拿破仑帝国时期的法语与不列颠时期的英语,也许是未来的汉语。也是时候去那里了。走,去中国。

中国龟甲

从无到有

我们的未来会指向中国，这并不奇怪。至少，我不会感到惊讶。中国发明了历史上使用时间最长、最稳定的文字。我们今天看到的汉字，以及作为一种语言被理解的汉语，与三千两百年前的第一批铭文几乎相同。并且，汉语的文字系统自诞生之日起，就一直用来记录中国的语言，直至今日，这也是世界上唯一做到这一点的文字系统。中国的文字和语言的协同关系非常稳定，坚强地抵抗着任何形式的变化。汉语是持续存在的，它自豪地保持了几千年不变，同时还保持着自身的复杂性。

汉字发明的开端已经足以令人惊叹了，天知道怎么会这样。我们前面已经看过埃及和美索不达米亚的人们，在文字发明的初期是如何摸索的，最开始都是用很少的词和句子，没有什么复杂的。在中国，情况截然不同，一切都非常地复杂。从我们最初遇到它的那一刻起，我们就已经看到了一个既成的系统，一个完整的符号库；不是雏形，不是牌匾标签，不是刻有几个名字在上面的泥版。我们发现的第一例汉字是意义完整的句子，而且几乎都是可以看懂的。这是史无前例的。

那么，汉字是在一夜之间发明出来的吗？就像一株公元前2000年末的时候突然蹿出的蘑菇，一下子就完整地长出全貌吗？不太可能。更合理的解释是，我们现在所看到的汉字，也是你们很快后面会看到的，已经是在其发明之后过了很久，很晚的一个阶段了（过了多久，这个我们就不知道了）。这些汉字句法灵活，文字数量已然可观，在三千字到五千字之间，书写工整，字迹清晰。它们均来自于数百篇埋在各种墓葬中的或书写在龟甲、牛肩胛骨和青铜器上的铭文，集中出现在中国中部偏北部的安阳，这里曾经是商朝的首都。

让人怀疑的是，留存下来的汉字是否仅仅因为刻写铭文用的材料牢不可破、防风防雨，而不是像纸莎草纸或羊皮纸那样在短时间内会腐烂。龟壳和金属是完美的文字载体，经久耐用。我们可以假设我们所观察到的只是一小部分的幸运样本，还有一大批数量无法估量的铭文没有被发现，因为时间已经贪婪而无情地吞噬了它们。这种情况发生的可能性更大，而不太可能的是，商朝宫廷中的一些能人在眨眼间就构思出像公元前1200年的汉字那样精细的文字系统。

如果文字发明的第一阶段在更早的时候，那么这项发明应该追溯到多久之前呢？新石器时代的字符散布在中国各地，从西安的半坡到东部的良渚，其历史可以追溯到公元前5000

年左右，被认为是早期的字符，但目前仍有存疑，尽管有些字符与安阳铭文上的文字相似。但是，它们不足以构成一个完整的文字库。这些简单分散、粗糙的几何符号不能被称为"文字"。真正的文字是从之前已有的符号中汲取灵感，这个论断并不是一个荒谬的假设。事实上，在其他地区的确如此，但很难证明几千年来符号在使用和意义上的连续性。要如何重现这个过程？这就像在没有中间坐标的情况下连接相隔几公里之外的两点——缺少路径，如果没有路径，我们就会迷路。

问题还不止于此。这些铭文是公元前1200年的汉字，它比美索不达米亚和埃及的发明要晚得多，差不多是两千年后。两千年是漫长的，人们会迁徙和流动，甚至遥远的民族之间也形成了一定联系，也有了相互之间的思想接触。即使考古学没有提供任何证据，我们也必须出于知识分子的诚实来发问：有没有可能也许中国没有发明任何文字，而是有一只手将汉字从这些已经发明出文字的地区之一借用过来的？

如果我们以"是"或"否"来回答这个问题，那我们就是不公正的。它受到外部的影响，这种怀疑仍不能被全然否定，但也许只是我们过于谨慎了。事实是，认为汉字是间接从另一种文化的文字传播而来的这种传言越来越微弱，持这种观点的人越来越少了。中国创造的文字，说白了，实在是太"中国"了，在结构上极其讲究，自成一格，只能说它是这片土地的产物，没有别的可能了。因此，就像美索不达米亚或埃及一样，中国也发明了文字。这是我们的第三次发明。

无灾周？

最早的一批铭文是一些文本，长达五十行，刻在龟的下甲上，称为腹甲（图3.9）。腹甲是龟甲腹部的一部分，表面光滑平整，非常适合雕刻字符。我们认为它们之所以被选中可能是因为它们经久耐用，但事实上我们并不知道确切原因。这些腹甲中有许多没有被刻上铭文（它们是无铭文的）。关于为什么使用这些物体是相当令人费解的。

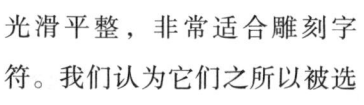

图3.9 刻有古汉语的龟壳

其他铭文是刻在牛肩胛骨上，对于刻写的人来说，操作起来更不方便，因为它没有腹甲那样的平整度，即使在这种情况下，我们也还是不知道为什么要选择它们作为载体。耐用性似乎是一个先决条件，但我们也不能排除有可能就是随机选择的。我们对这些载体知之甚少，但我们可以确切地知道上面究竟写着什么。

在这些物件上镌刻着当时中国社会最高阶层安阳宫廷的占卜习俗，是他们与灵界交流的尝试。在这里，我们进入了超自然领域。但是，即使在这个领域，中国也遵循着自己的精神。今天的占卜者使用的是（特别是在美国）刻有字母表字母和1到9数字的占卜板，称为"灵应盘"（ouija这个名字似乎源自法语"oui"和德语"ja"）。它们用于在降神会期间

123

与死者交流。通过降神会，占卜者可以直接向死者提问，指针会在字母上移动形成单词，传达死者的讯息。通常给出的答案的类型类似于"爱我不爱我""是还是不是"这种。在这些事情上，人们渴望得到干脆利落的讯息，这样死者不用太费劲儿，而活着的人也有了寄托。

在安阳，通灵的目标是一样的，但做法有点不同，因为文字不是占卜者和灵界交流的媒介。仪式总是发生在文字被雕刻之前，文字就是锦上添花，详细描述了实际发生的事情，作为编年史记录着如何通灵的全过程。

很可能，向死者提问是以口头形式进行的。问题围绕着国王展开——他的功绩将如何？收获会怎样？本周我们会面临哪些灾祸？然后他们用火加热龟甲或牛肩胛骨的某个部分，等候其表面形成裂缝。那个裂缝就是讯息，它应该要有一个明确的形状，才能说明这个答案是有效的。最后，将已经宣读过的问题直接刻在裂缝上，并作出判决——预言结果是肯定的还是否定的。文本的文字是按照垂直方向排列的，并遵循一种几乎公式化的模式：日期、星期（十天）、预言类型以及负责卜卦的官员的姓名。然后问题来了。

为了让大家了解早期汉字的表达方式和完整程度，我随机找了一段文字，内容如下：

迄至五日丁酉，允有来艰自西。沚聝告曰：土方征于我东鄙，戋二邑，吕方亦侵我西鄙田。①

试想一下一块牛骨能传达敌人两到三周之间的动向，还可以记载梦境、天气预报和一系列为纪念亡灵而举办的祭祀，其中祭祀得最多的是王室祖先的亡灵。每一篇都是一个小故事，写了事件和日期，是非常精练的简报。这是对日期、天时、地利、神奇数字的痴迷。这个历书系统似乎让人想起《易经》中的礼仪。当传统难以改变时，历史就会不断重现。真的是，万年不变。

妇好的光辉史

中国文字的历史是与一位女性的历史交织在一起的。妇好墓是商代墓葬中最丰富的墓葬，于1976年被发现，是中国考古学历史上最重要的墓葬之一。不仅因为坟墓被奇迹般地密封，保存得完好无损，还因为它给我们提供了文字发明的线索和妇好的光辉史。

妇的意思是"女士"，这座坟墓的建造就是为了纪念她荣耀的一生。妇好可以说是一个强大的女人。在古代，她的地位是很少有女性可以比肩的。她的坟墓里满是玉器（七百多

---

① 五天后，西边的信使带来了坏消息。土方部族攻打我国东部边境，已攻克二邑。此外，工方部族还入侵了我们西部边境的土地。——译者注

件)、青铜器(约两百件)和铭文龟壳,还有三百五十块刻有她名字的铭文。她的一生都在这些铭文之中。她是商朝九王之首武丁的六十四位妻子之一(这个数字不是玩笑),但妇好又不仅仅是众多妻子之一。从墓葬中出土的铭文和兵器可以看出,她是一位军事将领,主持各种战役,统率一万三千名士兵和各类将领。她是商朝最令敌人闻风丧胆的领袖,征战沙场,敢于面对凶悍的北方部族土方。

除此之外,她还是丈夫的贴心顾问。她是专业的祭司。商王将这个重任交给她,说明了妇好的强大,也说明了武丁对她的敬重。商王通过占卜来预测他妻子的怀孕情况,并关心着她和未出生孩子的健康。商王的预言非常有趣。武丁认定一周中的某两天是生产的吉日。这个问题他已经占卜过很多次了,龟壳上已经满是裂缝。那最终的结果呢?"三旬又一日甲寅娩,不嘉,惟女。[①]"

在中国的传统里,人们只对男性寄予厚望,但妇好是一个特例。在"男性至上"的氛围中,妇好是一只独角兽。她不仅是掌权女性的典范,还是非常罕见的拥有智慧力量的典范。妇好是一位女战士、女武神,一位非常强大的战略家,一位女祭司,一位有影响力的政治家。不仅如此,妇好还催化、引导、促进了文字的诞生。

我想不出一个类似的例子,一个女人既强大又富有远见。布狄卡女王统率军队,维多利亚女王指挥战斗,凯瑟琳女王

[①] 三周零一天后,甲寅日,宝宝出生了。生产过程并不顺利。是个女孩。——译者注

保护艺术。但妇好还拥有额外的美德——在文化还没有成形的时候，她率先明白了文化的价值。妇好看到了人类的未来。说到底，或许，在人类历史上，在无可争议的由男性统治的历史上，像妇好这样的女人真的找不出第二个了。

不要称它们为表意文字

我前面提到过，中国的文字是奇特的。正是它与众不同的结构说明了它是一项真正的发明，而不是从其他地方借用过来并在当地经过改良之后的产物。汉语也和苏美尔语一样，拥有着非常丰富的单音节词，同音异义的使用也非常广泛。我们从这里开始往下说。因为正是在这个地方，中国文字的历史走上了另一个岔路，形成了自己独特的表征，变得多元化。我们从限定词开始说起，其被称为苏美尔语发展的第三阶段，用来区分苏美尔语中的谐音词。

举个例子。自青铜时代以来，象的符号被用来表示它的谐音词"相"（hsiang），意思是"形象""外观"。虽然意思不一样，但是发音几乎一样。到目前为止，我们有同音异义或者语义多功能等手段。现在又多了另一种类型的手段，即语音多功能性。所以，我们列举一个"象形字"，例如，"口"（kǒu）的象形字，它也可以用于单词或动词"名"（míng），意思是"名字""名为"，两个词之间意义是一致的，但发音是不同的，因此符号是有两个发音的。因此，需要两种类型的限定词来进行区分：语义的限定词，与意义相关的，还有语音的限定词，与发音相关的。正是在这个形成的时刻，也就是说，当必须消除词语的意义和发音歧义的时候，限定词诞生了。

限定词与词语合并，它们合而为一，成为同一字符的组成部分。这种共生关系产生了由两个元素组成的符号：字符原来的部分，也就是表意部分，加上语义或者语音的限定词。再举一个已经举过的例子，如果在"象"上添加一个次要元素（在这种情况下添加的是表示"人"的符号）来呈现它的第二个含义，形成了新的符号"像"，也就是"人像"的意思。而对于"象"来说，这个基础符号是保持不变的，这个次要元素"人"的符号就是语义限定词。再举一个语音限定词的例子，比如在"嘴"的基本符号"口"上添加一个元素，使发音为"míng"，变成动词"名为"。

再举个例子，我们看看"洋"这个字符，它由"水"（氵）和"羊"的图形组合而成。显然"羊"在语义层面上没有进入到这个字符中，但在语音层面上确实进入了，因为"羊"的发音和"洋"的发音一样，都为yáng。这个系统的结构非常严谨，因为每个符号都对应着一个意义和声音的所指。就像两件东西，一个插入到另一个内部，焊接在一起并发出咔嗒声。

这种融合，这种咔嗒声，是独一无二的。正因为如此，把汉字定义为"表意"是一种错误，也是一种冒犯。即便是诞生自图画中，汉字也不会特别强调"语义"，而是会更关注汉语中一些特定的字（词素），并且只有在该语言中才有准确、可识别的发音。汉语的文字系统反映了意义和发音两个部分。因此，它是一种音节语标的文字系统，以音义复合词为基础，至少占据了字符中的80%。汉语非常适合进行同音异义的游戏：可以通过将汉字符号与相似的发音相关联来创造符号之间的联想，从而创造出多功能性。带着极大的耐心，人们又将文字引入到复合词的结构中，就像在以汉字为基础打麻将一样。不过还是要比麻将复杂很多的，因为汉字的组成有千千万万。

从"龟甲"时期的符号（OBI, Oracle Bone Inscriptions, 甲骨文）到今天的文字，我们看到一条不间断的发展路径。从公元前1200年开始，耕地、嘴、乌龟、马、眼睛、大象、山、火和许多其他可识别的符号，在形态上与今天的文字有所不同，但象似性的基础仍然非常强大。这种坚持，这种对所表现事物的忠诚，以及对它们发音精确性的执着，是惊人的。这一切构成了汉语文字的真正力量。更令人惊讶的是，汉字在第一阶段的发展就已经形成了如此有条理、有秩序的系统。音意共生和限定词的加入使汉字更加完整，不仅让人联想到妇好麾下训练有素的军团总是有秩序地与敌人作战。

也许汉语会成为未来的语言，也许不会。但是，汉字的广泛传播是不太可能的。不仅因为它对西方文化来说太过复杂和陌生，而且因为它可能超越了字母表作为统治力量的时代。更合理的情况是反过来，也就是拼音（也称"罗马化"汉语）会随着语言的传播而传播。在几千年来不间断的使用中，这样一种象似性的文字使中国的语言成为一种几乎坚不可摧的军事力量，顽固地抵抗着各种变革。可以肯定的是，无论中国文字在全球范围内的命运如何，在中国，它肯定会巍然不动，与书法艺术联系在一起，并在其审美和谐中不断具体化。不会征服世界，但它强大而专横的象似性可以帮助我们解释另一件事——我们今天在世界各地将寻找的文字的发明与起源的轨迹。事实是，我们无可挽回地被象似性所吸引：图像具有一种引力，它始终存在于与文字的关系中。关于这一点，我们稍后再谈，但符号的未来在图像中，这是毋庸置疑的。

大洋彼岸

情况可能更糟

我们来到了最后一处文字发明之地,最后一个故事。在文字的所有冒险故事中,这个故事费了好大劲儿才赢得了一席之地。我们越过海洋,在墨西哥登陆。

如果我们出于谨慎或规避争议的缘故,不算上复活节岛的朗格朗格文的话,中美洲的文字应该是距今最近的发明。因为玛雅人的文字被确认为真正发明是在经过数百年漫长而艰苦的破译工作完成之后。不到两百年之前,玛雅文字的字形被视为一个有限的辅助记忆的系统,不存在语音符号的。[1]也就是说,它是无序的,没有规则。

玛雅文字所处的环境是存有偏见的。我们在大洋彼岸,

---

[1] 伊格纳斯·盖尔伯(Ignace Gelb, 1907—1985年)在其重要的著作《文字研究》(1963年)中认为,玛雅文字是不存在发音的,因为在此之前它还没有被破译,尽管现在还有部分人说的是玛雅方言。

在一个被视为文明欠缺的环境中。在这里,盛行着一种痛心疾首的、家长式的、居高临下的眼光,一种来自旧世界的势利态度,认为他们已经看穿了一切,已经发明了一切。正如我的一位同事对那些沉迷于构建新想法的人持有的同样的怀疑态度:"呃,什么也发明不出来的。"但是呢,从奥尔梅克艺术中迸发出的生命力来看,在前古典时期的中期(公元前900—公元前500年),一些革命性的产物正在孕育。在很多情况下,革命性是一个人为的、引人注目的术语,但在这种情况下,它是千真万确的。一场真正的革命正在孕育中。

下面我们一步步来说。先从头开始。迭戈·德·兰达(Diego de Landa)是一个邪恶、冷酷且非常坚决的人。十六世纪中叶,这位圣方济各会的主教被派往尤卡坦地区布道,教化人民皈依天主教,[①]他如此"亲密"地受到当地人的青睐,以至于他们"毫不畏惧"地向他展示他们最宝贵的财产——玛雅法典。对于恶魔般的迭戈·德·兰达来说,这些晦涩的著作全都是谎言、迷信、恶魔的化身。他几乎烧毁了所有法典。但是,像所有邪恶的人一样,他也开始研究他正在破坏的东西,几乎就是在从事文字方面的民族志工作。他询问了玛雅人的后裔,并对他们所读内容的发音进行了测试。因此,他确信玛雅文字是按字母顺序排列的,尽管存在各种不一致和多余的情况。可能他的研究方法有问题,但已经奠

---

① "尤卡坦"的词源,无论是真实的还是推测的,似乎已经警示了传教士和当地人之间的关系。尤卡坦语的名字来自玛雅语"tectetan",意思是"我不明白",或者来自uyutan、uyukatan 或 yukutan,意思是"听他们说话"。也许在这里还涉及古老的神话,但现在就先这样吧。

定了研究的基础。

人们用了数百年的时间和一个比"詹姆斯·邦德"系列里的反派角色还要脸臭的人〔但他的头脑很好，这儿有一张他抱着猫的照片（图3.10）〕，才最终明白玛雅文字并没有像德·拉达所认为的那样，是按字母顺序排列的，更不是没有任何结构的图示备忘录。玛雅文字是一套音节，准确地说是一套音节标志。尤里·克诺罗佐夫（Yuri Knorozov），俄罗斯人，军人，语言学家，他在德·拉达研究的基础上进行探究，结果还不错，他改进了德拉达的语音方法并识别了大量的音节。这种方法的改变是实现破译的真正的第一步。但是玛雅文字的破译之路总是曲折的。

图3.10 语言学家尤里·克诺罗佐夫与猫

我们确定它是一种文字吗？只要看看它们，看看刻在纪念碑和重要建筑物的墙壁上的字符，就足以引发普遍的怀疑——它们看起来真的不只是图像叙事吗？当然，它们之间有连贯性，同时也是图画和装饰。这是存在于"字形学家"（正如玛雅最伟大的解密者之一琳达·舍勒所说的那样）之间的怀疑。首先对它进行怀疑的是汤普森，专家中的先驱，他已经通过给每个字形一个T的编号来系统化这些字形〔然后将其定义为T，汤普森（Thompson）的T；我前面是否说过语言学家都是自负的？]。

正是他的自负推迟了文字破解的进展。汤普森确信玛雅系统是语标系统，没有注音符号，因此克诺罗佐夫的方法是无效的。汤普森还坚信玛雅文明是善良的，玛雅人是温和和节制的。在这一点上他也是错的。

事实上，正如文明中没有纯洁性一样，文字系统中也不存在纯洁性。克诺罗佐夫明白这一点。没有任何一种文字仅仅只由语标组成。甚至我们"弱小"的字母表（弱小的意思是指符号库的数量方面）也使用语标，例如数字或其他符号，例如%、$和@。目光短浅的汤普森！养猫的语言学家的运气在于能够依靠现代已知和仍在使用的玛雅语言，以及一些标志符号表现出的可识别的且较为明显的象似性。火鸡的标志符号，狗的标志符号，与玛雅语中"火鸡"和"狗"的音节拼写相关联。克诺罗佐夫还识别出许多其他字符，但并非全部都正确，但这个方法的确是有效的。

这是一个美好的故事，过程中遇到了一些困难，但最终获得了巨大的成功。它也可以作为警示：我们不应该盲目相信我们在书中读到的东西，我们不应该把学者当作大师来相信，经常锻炼我们的批判精神是很有必要的。如果我们轻易接受了宗教狂人、唯我主义专家得出的武断的结论，如果我们接受了美洲没有发明的结论，简而言之，如果我们听信了汤普森的话，我们就无法实现玛雅语的破译。并且不要忘记，这个成绩不是只属于某个人的荣耀，而是来自世界各地的学者团队十余载的辛苦工作、协同合作、不断平衡和验证的结果。我再强调一遍，只有合作，才能带来成功；如果没有合作，情况可能更糟。

虚假的开端，漫长的寿命

如果玛雅文字在整个前西班牙时代，也就是在中美洲的征服者到来之前（1519年），都占据主导地位的话，那它并不是我们寻找到的最古老的中美洲文字。早在几千年前，从公元前500年开始，甚至可能还要再早几个世纪，有证据证明当时存在另一个文字系统。我们需要用望远镜观察它，因为它是世界上最神秘的文字之一（显然，"神秘"是指未被破译的），但在这种文字中已经出现了接下来诞生的玛雅文字的影子。它是玛雅文字的前身，但几乎所有字符都难以辨认。让我们把望远镜拿过来，凑近一点。

在阿尔班山的瓦哈卡（约公元前600—公元前500年），我们发现了萨巴特克卜的文字，不完整，只是一部分，但在那里我们已经可以找到玛雅字符中最偏爱的两大元素——日历和血液。在新世界的第一种文字中，在一块名为"丹赞特"（Danzante）的石碑上［瓦哈卡州圣何塞莫戈特的2号纪念碑（图3.11）］，我们发现了一幅画面血腥的死囚图像，他的两腿之间有两个字形，也许是他的名字。这个可怜的家伙情况很糟糕，和他一起的还有其他三百个画面血腥的囚犯图像。文字呢？还是个谜。

但是萨巴特克的文字对我们来说还不够。它还有一个让我们很头疼的表弟,就在北边距离几公里的地方。这种文字被称为"地峡文字"。这个名字不是很有想象力,但给出了想法,因为它来自墨西哥南部的特万特佩克地峡,位于墨西哥湾和太平洋之间的最窄距离的区域,就像一条被海拍打着的陆地蛇。地峡文字也被不恰当地称为"后奥尔梅克文字",因为据称它源自先前

图3.11 墨西哥阿尔班山的"丹赞特"石碑

的奥尔梅克文化,该文化早在公元前1500年就开始蓬勃发展。但这个词具有误导性,就好像我们称伊特鲁里亚人为"前罗马人"一样。最好给它一个中性的地理名称,称之为"地峡文字"。

然而,之前的奥尔梅克时期(在拉文塔和圣洛伦索等地)拥有丰富的传统文化。这些传统将随着时间的推移持续到接下来的玛雅文明。关于奥尔梅克文化,我们必须讲清楚两件事,因为很多重要传统一直延续了几个世纪,并受到玛雅人的青睐,被玛雅人采用。首先是他们对流血的强烈热爱。他们并不暴力,至少已知的历史文献中没有记载,但流血对他们来说却非常重要。在公共场合切断阴茎和舌头是一种强有力的象征性仪式,以维护社会和宇宙的秩序。这种想法基于神话,来自轮回新生——神献祭自己的身体部分或者失血来赐予人生命,因此人也要将血液还给神。血液意味着生命,于是各种残害、折磨和流血牺牲的行为都被合理化了。

第二个传统就稍显平淡。奥尔梅克人发明了一项球类运动。这个传统延续时间很长，今天仍然在这些地区流行。现在这项运动被称为乌拉玛，与壁球没有太大区别。但是，我们不应该认为它只是娱乐性的。这项运动既有仪式感又具有象征意义，有时还加入人祭的环节。从历史上看，祭祀是在玛雅文明晚期的时候进入玛雅传统的，但对献祭的热情始终存在：流血的传统很重要，即使是在打球的时候；在某些情况下，甚至会出现激情斩首的献祭场面。我们在《波波尔·乌》的文本中读到了它们。这本圣书讲述了在危地马拉生活的基切玛雅人的神话起源，从中可以看出他们可能是把被斩首的头部当作球来用。文字的发明似乎就是在奥尔梅克的球、斩首和血液的氛围中开始的。不过现在我们把与暴力有关的东西先放一放。在地峡文字中，就像在萨巴特克文字中一样，我们同样看到了日历的出现。在为数不多的地峡文本（大约有十来本）中，我们发现了与计算和时间顺序有关的标注，这种标注在后来的古典时期得到了广泛的应用。例如，图斯特拉小雕像（图 3.12）。你们仔细观察下。上面有一些文字，具有玛雅字形的外观（但它们不是玛雅文字），它们位于雕像的前面、后面和侧面，还有长计历[①]的数字。这些就是日期。我们还在特雷斯萨波特斯的 C 石碑上找到了同样的文字，标

[①] 玛雅长计历是一种进位制天数系统。第一个单位（也就是单位"天"）以 20 为基数，第二个（"十位"）以 18 为基数，第三个和第四个再次以 20 为基数，第五个以 13 为基数。因此，长计历的完整周期为 $20 \times 18 \times 20 \times 20 \times 13 = 1872000$ 天（约 5125 年）。它始于公元前 3113 年 8 月 13 日，即公元零年。现在你明白为什么世界必须在 2012 年终结了吧。

图 3.12 墨西哥韦拉克鲁斯州的图斯特拉小雕像

图 3.13 墨西哥韦拉克鲁斯州的拉莫哈拉石碑

注了公元前32年的日期，以及标注了二世纪的拉莫哈拉石碑（图3.13）。

这些铭文足以证明早期中美洲的一个实质性的问题：它根本就不处于文字的开始阶段，而是一个文字已经开始应用的阶段。这有点让人想起汉字的情况：第一个被发现的地峡文字也是一个已经很复杂的文字，它可以编辑大段文本。这些都要以发明为前提。这里就好像是一个虚假的开始。根据考古学的奇思妙想，也许玛雅文字第一个真正的字符是无形的。地峡文字是新世界的第一种文字，但我们不可以自欺欺人地相信我们能够阅读它，它仍然是一个未被破译的系统。多年前，对拉莫哈拉石碑铭文的破译发表之后，在媒体的帮助下传遍了全世界，随即被专家们给戳穿了。专家严苛的眼光可比这些破译者们要毒辣得多。正如我们后面会看到的，对玛雅文字的解读，是一件严肃的事。

面部

地峡文字的字符与玛雅文字的字符相似，内部结构也相似。最早的玛雅铭文大约可以追溯到公元元年，最晚到十六世纪。正如我们将看到的，一个长期存在的文字系统是充满创造力和想象力的。

玛雅文字的结构是音节标志，由数百个符号组成（大约二百五十个基本符号和至少五百个语标符号）。符号可以同时具有语标功能和音节功能：相同的字形通常也可以承担这两种功能。通过这种方式，阅读在任何情况下都是双重的。为了让你们了解结构的复杂程度，我给你们举一个字形作为示例——"可可"的字形。它是神圣的可可和香料的混合物，是神的饮料。

但我们对"可可"符号的构成原理非常感兴趣（图3.14）。整个符号整体表示"kakau"这个词，它的各个元素，构成它的每一个部分，都可以被解读。它的读音是音节的。重复的音节 ka，再加上音节 u（a），其中元音 a 是多余的，但玛雅人还是将其写进去了，和前一个音节的 a 形成对照。锦上添花的是上部的那两个点，那是用于表示语音重复，即 ka 必须读两次的指示。玛雅人不是在开玩笑，即使是点也很

图3.14 表示"可可"的玛雅符号

图 3.15 另一个表示"可可"的玛雅符号

重要。

玛雅符号在图形表示符号方面的一个普遍特征就是呈现出完全的艺术自由：如果我告诉你们"可可"的字形也可以用下面的这种变体表示（图 3.15），你们估计都不会相信。这个字符的基本图形是一条鱼，代表音节 ka。这两个符号竟然表示同一个词，的确令人难以置信。但是你看到左边的那两个点了吗？它们总是在那里，不可或缺。

这只是一个例子，甚至不是最复杂的。古文字的变体是惊人的：音节翻转，无法识别的形态，语标混淆，充满了看起来像脸的图标。看这里（图3.16），单词"山"（witz）的变体。第一个符号称为"头部变体"，呈现出面部的形体，第二个是语标，第三个是带有语音补充的语标，第四个就只是音节文字。

| WITZ | WITZ | wi-WITZ | wi-tzi |

图3.16 玛雅文字中"山"（witz）的符号

这么多变体让人绕晕了头，但这种不可思议的结构并没有阻止破译者深入了解玛雅的奥秘。如果人类的头脑可以构想出这种幻想，那么人类的头脑也可以破译它。曾经抱怨过克里特象形文字的我，在玛雅人面前只能逃避。除此之外，还有一种现象可能也有助于玛雅文字早期阶段的破译。考虑到其他文字走过的发明路径，我们也能够预料到这种现象。猜猜看是什么现象？就是同音异义。但是这种现象在玛雅文字中几乎看不到，这很奇怪。我们只能用玛雅文字是次生发明这一点来解释原因。也就是说，它不是被直接发明的，而是从未被破译的地峡文字系统中衍生而来的。但我们也不太确定这一结论——玛雅文字的诞生日期总是在变化。总之，同音异义可能隐藏在未知的先前某个阶段，如果后面再发现其他铭文，我们也许可以搞清楚。

然后，玛雅文字在另一个方面与所有其他古代文字不同，你们仅仅通过观察这些示例也许就可以注意到这一点。它将有生命的和无生命的事物都表现得好像它们是活的一样：面部、长着眼睛和嘴巴但无法识别的生物、动物的头、用部分代表整体的符号（例如腿、胳膊、脚、手）；以及所有头部变体，例如数字1到19的符号，均由面部表示。这不奇怪吗？在我看来，这反映出奥尔梅克肖像画的影响，但无论这个猜测是否为真，这种对描绘生物或其部分的顽固执念，都是绝无仅有的。玛雅字形看起来都是活生生的，仿佛在说话。

我知道你们联想到了什么，你们在想表情符号吧，但它们并不相同。玛雅符号具有特定的语音价值，它们是音节或语标。你们使用的黄色面孔完全是表意的，但它们也都是面部形态，这一点我是同意的。在图形层面上，为什么玛雅人如此钟情于面部图样，这个问题还有待解答。有一种解释是可能的。

活着的灵魂

所有中美洲的文字都痴迷于象似性，不仅强调象似性，而且随着时间的推移仍旧保留着象似性。为什么呢？在这个现象背后，存在着一些本质性的东西：能指（即符号）不可分割地承载着意义的本质。有铭文的物体，从各个毛孔中都散发出活力，符号是有生命的东西。写字的人为无生命的事物注入灵魂，赋予它生命、精神，仿佛物质和灵魂合二为一。西方世界盛行的基督教传统中，精神和物质是分开的，物质被视为从属（参见圣像破坏运动），这种来自中美间的合二为一的想法有点"奇怪"。

但对于玛雅人来说，不仅只有肉体和灵魂是活着的，万物都是活着的。看看奥尔梅克时期的玉器就够了，每一个都包含着人的气息。最古老的玛雅符号之一，代表风的T形，被刻在与肺和心脏相对应的胸带上，仿佛从这个T形中人就可以呼吸。然后还有刻有头部形状和祖先姓名的珠宝腰带，头形和姓名交替形成一种会说话的舞蹈。总之，玛雅文字中的事物都是会说话的，并且头部形状的文字符号会朝向阅读它的人的方向，这也不是巧合，就好像它们是在和真正的对话者说话一样。

玛雅人还需要壮观的纪念物来呈现和展示他们的文本。

石碑、祭坛、泥版承载着王室丰功伟绩、后代和祖先的公开声明。还有展示王室权威的、色彩艳丽的公告板，一切都是有生命的。难以置信，这就是解密的力量。直到半个世纪前，玛雅字形还被视为平面画，文字还被视为没有语音。几年后，这一看法被扭转了。玛雅符号是有声的，甚至充满了大量冗余的声音。从最早的地峡铭文开始，它们就一直是有声的。玛雅符号会说话，与汉字或楔形文字都不同，它们充满了灵魂。用一个形容词来概括，它们是活着的。

故事完结

趋同

我讲了两则很棒的故事。第一则故事是以岛屿为背景的,充满了未解的谜题。这谜题的边界像岛屿本身的边界一样没有规则,这谜题的形状也像风和水一样反复无常。那里不仅有秘密,还藏着令我们惊奇、期待、等不及去发现的一切。这就是破译的可能性。第二则故事受到城市和帝国的控制,它们在其中管理各项事务、举办祭祀活动。这是两个非常伟大的活动,其主角文字并不总是不可或缺的组成部分。但这个角色一旦被发明出来,立刻就奇迹般地变得必不可少,人类社会也因为使用了它而发生了巨大的变革。有时候,它不由自主地承担了主角的角色,并且当它越来越进入这个角色,它就变得越来越丰富,只需要好好训练它,给它合适的空间,让它说话。

除了汉字这个特例之外,我们之前提到的其他的所有文字都走向了终结和死亡。楔形文字持续了将近四千年，埃及文字持续了三千多年。玛雅文字存续的时间是存有质疑的，大约持续了两千年，如果征服者没有来进行文化灭绝，那么玛雅文字肯定会持续更长时间。数千年的使用和传播对于岛上的文字来说，生命虽然短暂，但始终闪耀着光辉。尽管社会复杂性可以在没有文字的情况下长久地存在和发展，但对城市和国家的控制是确保其长寿的强大催化剂。如果文字朝着某一个目标发展，如果它们的潜力受到重视，并且如果它们存在的意义得到肯定，那么文字就会蓬勃发展。发明在于对发现的不断优化。

正是出于这个原因，我们必须将发明视为逐层形成的过程，从同音异义的灵感到完整的符号库的创造，代代相传——简而言之，一条从发现到发明的多步骤轨迹。因此，所有新的文字系统的诞生路径都遵循非常相似的形成轨迹，这一点并不让我们感到惊讶。下面我们就来整理一下文字形成的过程。

1. 象似性。所有原始的古文字都是从一组象征自然世界或自己文化中的"事物"的图像符号开始的。只是风格化的程度各不相同，但象似性始终存在。在某些情况下，例如在玛雅或埃及，符号几千年来都保持不变。艺术似乎是文字发明的跳板：重复的图标、叙事的连贯性、讲述故事都是努力记录和描述声音。但是历史并不总是相同的，我不想以偏概全，过度简化它，但象似性永远的源头是文字形成。而文字开端的一个不成文法则是，一个语标符号会从一个图标变成一个符号，这个过程永远不可逆转，不会出现相反的情况。

它是一个不可逆的过程。

2.音节。音节是声音的自然骨架。所有早期的文字都围绕着音节结构。①对于苏美尔文字和汉字来说,这是一个铁律,因为它们的词汇中有大量的单音节词。音节=词=符号。但是,正如我们所看到的,这个特征可能不是特别"语言学",而是更偏向"生物学"。看看最近的文字发明案例(尽管是次生的,也就是说,可能是受到一些外界影响的)就可以理解了,例如喀麦隆的巴姆穆文、北美的切诺基文字、加罗林群岛的沃莱艾文、苏里南的恩朱卡文字,所有都是音节系统。音节是我们发音的重要单位,是最自然的语音单位。如果你们不相信我,请大声背诵字母表:a、bi、ci、di(意大利语字母表的前四个字母的音节)。继续,一个音节接着一个音节。

3.有限的句法。我们前面已经看到了,文字的发明是一步一步来的。至少在这些一步步发明出来的文字的案例中,例如楔形文字和埃及文字,我们可以从它们真正的起点、从第一个书面文字开始,尝试重建这个过程。我们看到的只是一小部分东西,而不是史诗般的全貌,不是从白天到黑夜都看不完的科学论文。我们看到的是语言符号、演变过程、有声世界的窗口、单词列表、符号库、标签等。动词很少,句法很少,表达不完整,功能也有限。但这就是文字发明的美妙之处:认识到尝试的可能性和潜力,然后制定策略使其扩

---

① 基于辅音的埃及象形文字,看起来似乎是个例外,我们也可以找到一种解释——它其中存在许多词素或单辅音词。

展。要记录动词或抽象名词，需要用到同音异义的方法，然后再想到要使用音节。为了达到完整的符号–发音库，就必须明确地调整、剪切、添加、分配和确定，进行文字的剪裁和缝纫。总之，不是我们生下来就学会的。

狄德罗

然而，这三个方面还不足以让我们可以开始讨论文字的历史的普遍性。它们是三种结构上的趋同，仅此而已。我们也不应该指望可以将其系统化，通过制定规则使差异扁平化。相反，我们必须忠于写在数页之前的观点，即摆脱分类学的诱惑，摆脱对一切进行分类并概括其趋势的诱惑。我们努力消除了文字在利维坦国家的官方角色并重新定义其必然性的概念，因为这种必然性总是错误地与文字的发明联系在一起。我们必须继续将发明视为一种本质上自由、自发和自然的东西，驱动文字发明的是对新事物的需要，而不是必要性。

事实上，没有发明新事物，没有对新事物的追求，我们就不是真正的人类。我们大脑的运转就是在不断发明新事物，因为新事物给我们带来新鲜感。就像你们在商店橱窗里看到一条闪亮的裙子或者一本刚出版的书或者一辆全新的汽车的时候。你们想要它不是因为你们需要它，而是因为即使只是试图拥有它也会带来一种重要的动力。

涉及的大脑区域称为黑质，位于海马体和扁桃核附近的正中部分。海马体和扁桃核在学习和记忆中起着重要作用。当我们接触到以前从未见过的新事物时,这部分就会被激活,多巴胺的通路也会开通。多巴胺是一种与新刺激和满足感(以及可卡因等药物)相关的神经递质。

然而,多巴胺并没有给我们带来满足感,而是给了我们积极寻求它的动力。它刺激我们,推动我们,但它不会立即满足我们。它敦促我们去探索,去期待回报,正如奥德修斯一样。每一个新的刺激都提供了寻求、了解更多和学习更多的动力。的确,这一切都与学习有关:如果我们的大脑接触到新信息,海马体的可塑性就会增加。我们会存储新数据并更好地适应世界。在进化层面,它是生存的基本技能。

但不仅如此,我们还需要它来做额外的工作,比如发明文字、车轮或电视。没有新的体验,我们就无法创造任何新事物,我们也不会有创造力。没有追求新奇的冲动,就不会有发现。这些道理看起来是很浅显,但事实并非如此。这是生物学原理。一个美丽而又美好的陷阱,我们是完美主义的奴隶。关于这一点,狄德罗的睡袍为我们提供了很好的经验教训。[1]然而,没有这个陷阱,没有这种奴役,就没有发明。

---

[1] 一天,法国著名作家狄德罗收到一件漂亮的睡袍作为礼物。但是当他穿上它时,他发现这件长袍与他拥有的所有其他物品的风格全都不匹配。因为它太优雅了。该怎么办?于是他决定翻新衣柜和家具,以保持和那件睡袍相同的风格水平。狄德罗效应=陷阱。

4 实验

传统

无线电话

所有的发明,像文字这样的发明,都是由我们对新事物的生理需求所驱动的,这并不难理解。但是文字并没有烙印在我们的基因中:它是一种文化现象,必须通过学习获得,为了留存下来,文字还必须得以成功传播。在传播的过程中,难免出现一些问题。

我们是这个星球上唯一"有文化"的动物,唯一创造传统的动物。其他动物也会有重复和模仿的行为,例如某些海豚会使用海绵在海底捕食,黑猩猩会在岩石上敲碎坚果,但是人类远比它们能干。人类是唯一一个根据集体智慧来建立共同的习惯、活动和行为的物种。这里说的不只是社会行为或群体态度,人类的思维方式也会更抽象一点,因为它涉及文化的部分(我们在这里暂时粗略地将文化视为一个整体)。关键在于人类会比其他任何物种更加广泛地传播思想、习惯、社会态度等等，如果这个传播过程能够大规模成功，就会诞生一个新的传统。

到目前为止，人们已经了解到这种机制不仅仅是通过模仿而形成。个体之间互相模仿的这类行为是不可持续的，因为我们发现该行为最终会不可避免地发生变化。传统是可塑的、柔软的"对象"，未经一定程度的重新调整，它们是不会被传播的，就像无线电话一样，信息是人传人的，只需要几步错误的积累，最终获得的信息就与原信息不同。那么是什么因素让传统保持活力呢？为什么有些传统会生根发芽，而有些传统最终会被遗忘？传统成功流传下来的原因在哪里？为什么某些文字出现后便立即死亡，而其他文字会像病毒（该死的字母表）一样传播？

失败

那些成功的传统，那些经久不衰的传统，并不取决于它们被传播的内容的忠实程度。事实上，情况正好相反。准确性不仅无关紧要，而且没有任何价值，因为过去的消息在默认情况下已经发生了很大变化，正如无线电话传播消息的情况，重要的是散布的数量和范围。不能只是某些片段的传播，例如社交媒体中的"病毒式"转发现象，传播的是一条消息、一张照片、一个手势，但到了第二天就全部被遗忘了。这些东西的影响力注定会减弱，因为它们不是由"传统"构成的，而是由"片段"构成的。我们现在谈论的是更具体的东西，它可以代代相传并随着时间的推移而持续存在。想要让一种现象像苍蝇纸一样紧紧黏在我们的文化上，仅仅靠着随机的传播是远远不够的，还需要满足很多其他条件。

位于德国耶拿的马克斯·普朗克研究所的人类学家和心理学家奥利弗·莫林用三个简洁的词语概括了这个过程：重复、冗余、增殖。[1]传统被重复、被大量而广泛传播的次数越多，随着时间的推移，它就越能够留存下去。它们必须是重复的、稳健的大量输出，以连续的波浪式效应传播。例如，《圣经》几个世纪以来的记忆、重复和传播，带来的结果就是在西方世界无论信徒与否，这些经文和中学学到的诗一样让人记忆深刻。

然后传播的内容必须有"吸引力"而不只有目的性，传播的内容必须有吸引人的元素，要能够让别人喜欢它。传统和流行病不一样，它不会随机传播并且不区分任何人。相比之下，传统会面临一个被选择的考验，在这种情况下，它不是自然的[2]，而是文化的。如果它们能够存活下来，那是因为它们符合人们的认知偏好，具备吸引力等特征，或者因为它们具备高强度和高密度的重复和扩散。

我随便举个例子，"侦探小说"很受欢迎，因为它附着在

---

[1] 他的书《传统如何生与死》（2016年）非常棒。
[2] 不过，在这一代人中特别流行与生物学做类比，诸如模因（仿照基因的名字创造的新名词）之类的术语现在就很普遍（这是一个快乐的文化传播的例子！）。模因是一种元素或行为，通过模仿或复制的方式从一个人传递给另一个人，不是基因遗传而是文化遗传。文化进化也被视为一种生物进化。

我们无法解释的事物上——爱、死亡、神秘、秘密。它具有普遍的吸引力。良好的餐桌礼仪，尽管也具有普遍的吸引力，但在不同地区也会有所变化：在北非（但不仅只在那里），人们是用手吃饭的；在南亚，人们会像叹息一样打嗝，这表明厌恶感和容忍阈值是可变的。

那么，是什么标志着某种类型的文字就优胜于另外一种呢？是流传和遗忘之间的岔路口吗？

我听到你们说"要看文字有没有实用价值"，那我就要纠正你们了。效用、"为某个目的服务"，并不总是文化元素成功的普遍因素。我们不能说字母表的胜利是因为它被用于做某事，被用于书写。所有的文字都是用来书写的，绝对没有哪一个，在这方面比另一个更好。我们可以说字母表的胜利是历史环境造就的，以及它快速灵活的曲线形态也给了它一个优势，但不是因为它比原始的塞浦路斯文更有用（就拿它举个例子）。

像一切事物一样，像我们所有人一样，即使是文字也会受到奇思妙想、特质、偏好、变化、创新和文化革命的影响。很多时候，文字受到的影响要比想象中的更大，它承受了这一切的冲击（让我们称之为"命运"），也没能有个好的结局。

我们讲完了跨越数百或数千年的岛屿和城市的故事。到目前为止，除了少数文字发明外，我所讲的都是成功的故事，这些文字在广泛的传播和不断的演变中被保存了下来。甚至我们所看到的未被破译的文字也以它们自己的方式取得了成功，因为它们存在的时间很长，或者因为它们最终被留存了下来。

仔细想想,在五千年的文字历史中,能长久流传下来的文字,实属罕见,有无数的文字在诞生后不久就消亡了。但这并不意味着它们都是失败的:有些是设计得非常巧妙的文本,其意义就在于本身的存在;有些是故意设计得封闭的编码的文字系统;还有一些是尚未扎根、被迫中断的语言分支。在接下来的章节里我们将会详细讲述。

孤独的发明家

> 最终,所有文字的命运都是化为灰烬,就连书写的手也只剩下骨架。线条和文字从页面上脱落、碎裂,彩虹色的小生命们从成堆的灰尘中探出头来并开始跳跃。所有变形和所有字母表的生命力重新开始它的循环。
>
> ——伊塔洛·卡尔维诺,《收藏沙子的旅人》

> 如果你有一个秘密,要么把它藏好,要么就揭露出来吧。
>
> ——阿拉伯谚语

布鲁斯兄弟

不仅仅是布鲁斯兄弟在为上帝执行任务(电影《布鲁斯兄弟》,又译作《福禄双霸天》),我们现在即将看到的一些孤独的发明家也是如此。很少会有文字是在某一次会议中由某一个人决定的，即使真的发生了，它也是掉入了先验主义的陷阱中。每一种文字的创作都是神话史诗般的，总是伴随着与神界的干预有关的故事，就像创世纪的故事一样。埃及文字和美索不达米亚文字是如此，包括汉字的发明，我们也看到了类似的灵感。这很奇怪，但正是当某个人独立完成一项发明时，上帝或众神的干预就变成了发明成功的决定性因素，就好像人类只靠自己是无法完成发明的。

然而，我们将看到的并不是真正的发明，就像我在前几页叙述的那些，它们是二次发明，是依靠不同程度的阐释和理解对已有系统进行的改良。并且它们也是结构性的，是特别设计的文字系统，因此也是人为创造的工具。因此，我们也应该反思一下这些发明的动机。不同的孤独发明者之间，其动机差异很大。是什么启发了他们？是对秘密的渴望、对揭示预言的渴望，还是为了达到某个特定的目的而想要创造出统治工具的野心？是隐藏的谜团还是通用的语言？我们继续往下看。不管是哪种情况，我可以立刻告诉大家，真正的灵感与其说是来自众神，还不如说是来自最平庸的字母表。

这些孤独的文字发明者，虽然受到不同力量的推动，但他们有一些共同点：他们都是有远见的人，都是先知，不论是在宗教的意义上还是在世俗的意义上。他们不是，至少不全部都是，这个领域的学术专家，但他们仍然表现出突出的语言天赋和直觉。他们之中甚至有些完全是文盲，但不影响他们的聪明才智。在他们本可以发明的所有东西中，他们唯独选择了文字，这并不应该让我们感到惊讶。每一种被发明出来的文字都是神奇的，它们沉浸在神秘之中，有着潜藏的秘密。任何被发明出来的文字都是对我们认知能力的考验。这是一场冒险，就像其他任何冒险一样，它具有不可抗拒的吸引力。但是，至少在我们提及的这些案例中，文字仍然是人为的发明，是在书桌前完成的。

偏头痛

即使是小小的一次头痛也能触发文字的发明。让我来给你们介绍一下修道院院长圣希尔德加德·冯·宾根。她出生于九百年前，一生中的大部分时间都在莱茵兰一座僻远山丘上的修道院里度过。在八十多年的时间里，她创作音乐，绘制插图手稿，撰写关于生物学、植物学、医学和神学的论文。希尔德加德是为数不多的中世纪音乐作曲家之一，并且她还是个女人。在她的石房（也被称为"坟墓"）里，她组织修道院姐妹的生活，最重要的是她能感受到异象。她的异象很奇怪，因为希尔德加德似乎以一种3D超科技色彩、分解幻觉、光线和光环混合着极度痛苦的方式看待这个世界。她非常详细地描述了一切，用接近夏卡尔风格（但带有一点中世纪风格）的图画来描绘她所看到的。

希尔德加德还这样诠释过身体上的不适：她将其归因于一种围绕着五感的神圣的启示，"一种极端明亮的强烈光芒"，她如是说。但是，根据神经学家奥利弗·萨克斯（Oliver

Sacks）的回忆，他曾经诊断出希尔德加德患有严重的慢性偏头痛，持续时间超过七十二小时。也许，在这种情况下，科学是正确的，而宗教不是。这种异象不只发生在希尔德加德身上。

偏头痛患者描述的一种现象或许可以解释希尔德加德即将要创造的东西：出现在加密波中的思想、密码的破译、创造性的信息和秘密。希尔德加德设法将自己的幻觉转化为具体的想法。一个绝佳的想法。希尔德加德很好地利用了这种思想流。四十二岁时，她得到的讯息是写下"她所看到的和听到的"。因此，她发明了一种由二十三个符号组成的文字，一种富有启示性的字母表，并将其称为"秘名语"（Litterae Ignotae），意思是一种未知的语言。希尔德加德的字母表是一种非常智慧、非常博学学术的密码，它直接来自中世纪的拉丁语（图4.1）。

图4.1 希尔德加德·冯·宾根的字母表，也被称为"秘名语"

这个字母表在实践中有什么用？我们不知道。也许这些字母会成为一种封闭的密码，其中隐藏着不能说的秘密。又或许希尔德加德的野心更大，她想要创建一个传递上帝信息的通信系统，要将宗教思想传播到世界各地。真相是什么，我们永远都不会知道，因为从希尔德加德留给我们的一切（首先是充满甜蜜气息的美妙歌曲）来看，她并不想告诉我们她发明文字的目的。很清楚的是，希尔德加德不可能在幻觉中发明一种文字和一种语言（其中有几句话涉及拉丁文语法）。她的字符是明确的、精练的、清晰的。只是非常可惜，无论这文字是多么优雅和有文化内涵，它都毫无用处。

炼金术

一本没有人读过的两百页的书。该手稿的历史可追溯至十四世纪至十五世纪，其名称取自波兰书商威尔弗雷德·伏尼契，他于1912年在罗马东南部的蒙德拉贡庄园购买了该手稿，由耶稣会会士保存着该手稿。这本书中的插图都是如梦幻般的图像：幻想的花卉和植物、裸女的剪影、大量的炼金术图表（图4.2）。

乍一看，这些图像似乎杂乱无章，但仔细观察手稿，会发现它其实是被分为几个主题的，涉及植物学、黄道十二宫、医学、药物、治疗浴（因此有裸体女人的插图）、食谱。它看起来几乎就像当时的一本科学百科全书或一本医学手册。当时医学的研究对象就是炼金术、占星术、叶子、草药和根等等。这些主题也只能从插图中推断出来，因为文字形态扭曲，字符错综复杂，是在其他所有文本中从未见过的，实在难以辨认。里面的文字看起来真的就像一种加密的代码。

图4.2 伏尼契手稿中配有"沐浴者"插图的页面

人类一直在寻找加密消息的方法,无论是军事通信、情书还是传递国家机密。有多种方法可以做到这一点:恺撒大帝的代码使用了一种非常简单的换位方法,通过按照字母序列中固定数量的步骤替换字母(例如"a"变成"b","b"变成"c");今天的密码系统由超级先进的计算机生成,例如不可能被破解的一次性密码(OTP)。在这一系列加密消息的方法中，伏尼契手稿处于什么位置？

这个问题很难回答。我们知道文字系统是按字母顺序排列的，因为字母库总共包括大约三十个字符。而书中经过验证的字符一共大约有十七万个，散布在一百万个图形细节里。十七万个字符样本数目也不少了，所以如果用现代解密系统来解密伏尼契手稿，也不会像前往冥王星那样遥不可及。应该还是有破译的可能性的，只是现代破译方法的水平还没有达到。为什么存在这种可能性呢？

解释这个问题很简单，只是如何解读字符还尚未可知。我们把所有字符都拿出来，看看它们是如何分布的。在任何自然语言中，字符的分布从来都不是随机的：有一些字符由于分布概率的原因会比其他字符更频繁地出现（比如，相比 a，这种情况很普遍，这只是其中一个例子）。在自然语言中，字符的分布情况也从来都不是完全规律的，重复的情况不可能是最主要的，也不可能普遍出现。在自然语言中，分布情况介于两者之间：既没有太多重复的规律，也没有太多随机性。这是幂律分布法则。这份手稿的字符分布就遵守这条定律，尊重规则，分布情况类似于英语和拉丁语，但是还是没有解读的办法。

这些分析应该会让我们感到些许不安：它极可能是一种自然语言，但解释的关键仍然深不可测。能否排除背后有欺骗的可能？文字可能和语言一样都是人为的？伏尼契手稿是一本艺术手稿，充满了颠覆性的想象力和智慧。这是一份昂贵的手稿，用非常珍贵的颜料呈现出五百年后仍然生动的色调。这是一份独特的手稿，密封在同样精美的羊皮纸中。这当然也是一种伟大的聪明才智,六百年来一直诱惑和吸引着我们。即使是我们多年来的技术进步也不足以揭开它的面纱。即便是最近大火的人工智能和机器学习的应用,要谈成功解读,也为时过早——最终一切都是徒劳的。

让我们进一步否定手稿解读的可能性。手稿的作者既不是列奥纳多·达·芬奇,也不是炼金术士爱德华·凯利,也不是雅各布斯·德·特佩内克。^{14}C的测定告诉我们,作者生活在十五世纪上半叶(1403年至1438年之间)。从一些建筑插图来看,它一定起源于当时的意大利北部,因为塔楼上燕尾式的城垛是该地区建筑的典型特征。但是无法真正确定作者是谁。不管作者是谁,他给我们开了一个很好的玩笑:手稿没有被破译,也许永远不会被破译。可怜的威尔弗雷德·伏尼契终其一生都在尝试破译,他距离成功甚至都没有靠近一英寸就先行离世了。想到这里我都能感受到他的沮丧,但至少他的姓名,虽然价值不大,也已经被载入了史册。

非语义写作

拿出伏尼契的手稿,往里面加入睾酮、类固醇和大量的瓦尔波利塞拉的葡萄酒,就会得到塞拉菲尼抄本。其实这是一个跳脱出主线的题外话,因为塞拉菲尼抄本与被发明的文字无关。或者更确切地说,里面的一切的确都是被发明出来的。只是问题在于我们不能称之为文字(图4.3)。

路易吉·塞拉菲尼（Luigi Serafini）于1981年制作了一本虚构世界的插图百科全书，里面记录了一种看上去非常像某种文字的涂鸦文本，旁边配有类似于百科全书讲解内容的插图，但是这种文本里的字符并不是真实的文字。我祖母的妹妹卡门，在与她的指导灵（被她称作"睿智的伊巴尔"）建立联系时，也做了同样的事情：她随机地写下两个靠在一起的字母符号，使用的是幻想中的字母表系统。但是，与卡门的涂鸦不同，塞拉菲尼创造出了艺术。塞拉菲尼对世界的想象充满着超现实主义色彩，但同时又呈现出一种出人意料的和谐，最终呈现出来的字符清晰而美丽。

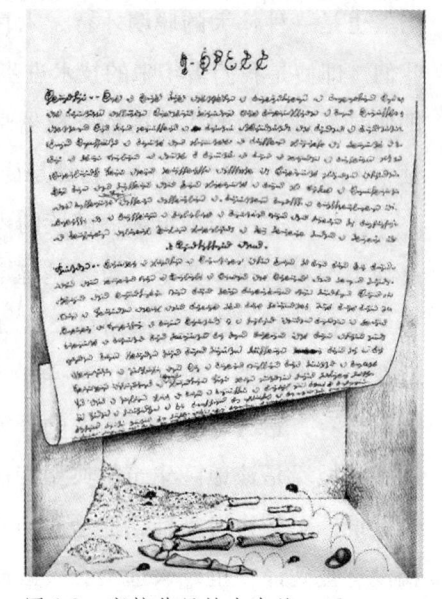

图4.3 塞拉菲尼抄本中的一页

在最新版的塞拉菲尼抄本（标题为"解码：天才"）的序言中，塞拉菲尼解释了作品的诞生以及将梦幻般的图像与同样梦幻般的文字相结合的想法。他让自己进入到一个小孩的角色中，即使没有阅读文字的能力，也能看着插图读懂这些文字。这是一种想象性回归，回归到通过观察神秘文字就能产生的神奇状态。我还能记起自己在识字之前也经历过这样一个阶段。学会阅读是人类能够征服的最神奇的事情之一。

然而，多亏了塞拉菲尼的诚实，未知的魔力被打断了。与伏尼契手稿的作者不同，塞拉菲尼抄本的作者公开告诉我们，他的文字是非语义的，即没有隐藏或加密的含义或其他语言的转录。没错，它也是文字，是的，但它不是任何语言的文字。这些字符是有意义的，但意义只在于存在本身。如果要将这部作品视为对文字的反思，那一定是徒劳无功的：艺术无法被破译。它本身是什么样子，就是什么样子。

巫师

在欣赏完塞拉菲尼抄本的奇思妙想之后，让我们进入另外两个故事中。故事的主人公与希尔德加德的宗教文化和伏尼契手稿的自然博学都没有太大关系。希尔德加德沉浸在自己对神的爱里，伏尼契手稿的作者是一个注重细节的怪胎，而我们接下来故事里的两个角色都是文盲，都是没什么文化、特别简单的人。但他们也有自己所热爱的东西，而这种热爱是为了抵抗白人殖民者的侵略，维护自身的独立。我们先从巫师开始说起。

塞阔雅是一位银匠，出生于田纳西州，同年美国宣布脱离英国独立。在新大陆历史上如此关键的年份，塞阔雅正在为另一项事业和另一种独立而奋斗，也就是切诺基人民的独立。他成为了一个民族楷模，今天人们仍然在纪念他。但他这一路走来并非没有磨难。当塞阔雅看见白人在写字的时候，他非常惊讶，尽管他是文盲，但他意识到文字带给了白人一种竞争优势，这就是他们的力量来源。因此他必须为切诺基人创造同样的东西，让他们的语言发声，并发明一种让切诺基人也能说话的文字系统。

我们可以看到，塞阔雅在发明文字的过程中，几乎追溯了整个文字的历史。他进行了一次半文盲式的尝试，走过很多次弯路，又重新开始，不断修正着他的创作。起初，塞阔雅发明了一个语标系统，其中每个符号对应一个单词，但立即遇到了你们现在也知道的结构问题：符号太多，抽象含义太多，代表"想法"的词太多。停留在语标阶段的文字显然是不够的。那么下一步是什么呢？

在塞阔雅完善发明的一年里，他停下了耕种，朋友们都取笑他，他的妻子更是把他的稿纸全部烧毁，认为他是在施加巫术。对于他身边的所有人来说，这些文字都是魔鬼的作品。

但是塞阔雅没有放弃。十年后，他完成了他的发明：一个完整的文字系统，一套非常适应记录切诺基语言的文字系统。猜猜会是什么样的？一整套音节。八十五个符号，其形式取自拉丁字母、希腊字母、希伯来字母。这所有的文字对他来说都是无法理解的（他几乎不会说英语），然而这些字符可以准确地表示出切诺基语的音节。这就是北美最早的美洲原住民文字（图4.4）。

D a	R e	T i	Ꮼ o	Oʻ u	i v
S ga Ꭺ ka	Ի ge	y gi	A go	J gu	E gv
Ꮄ ha	P he	Ꮅ hi	Ⲏ ho	Γ hu	& hv
W la	♂ le	P li	Ꮆ lo	M lu	Ꮈ lv
ᏘᏙ ma	Ol me	H mi	ᏽ mo	ᎩᎩ mu	
Θ na Ꮏ hna G nah	Λ ne	h ni	Z no	ᏅᏆ nu	Ω nv
Ꭲ qua	ω que	Ꮗ qui	Ꮹ quo	Ꮕ quu	Ɛ quv
Ꮙ sa ᏜᏡ s	4 se	Ꮟ si	Ꮯ so	ᏎᏡ su	R sv
Ꮷ da W ta	S de Ꮷ te	Ꭻ di Ꭺ ti	V do	S du	ᏳᏀ dv
ᏻᏳ dla Ꮩ tla	L tle	C tli	Ꮒ tlo	Ꮔ tlu	P tlv
G tsa	V tse	Ꮪ tsi	K tso	J tsu	Ꮅ tsv
G wa	ᏆᎡ we	Θ wi	Ꮾ wo	ᏙᎯ wu	6 wv
Ꮿ ya	B ye	ᎦᏱ yi	ᏯᏱ yo	G yu	B yv

图 4.4 切诺基语音节库

切诺基人一开始并不接受这套音节符号系统，该系统一开始被接受花了一些时间。但塞阔雅非常聪明，也很坚韧，最重要的是，他想出了一个计划。他教自己的女儿这种文字，带着她四处走动，展示她如何能够快速准确地阅读用他的音节符号进行转录的信息。他靠着女儿的表演创建了一个"媒体"马戏团，最终他做到了。该音节系统被切诺基"民族"正式采用，识字人口的百分比超过了当地白人的百分比，这个成功故事激励了从阿拉斯加到利比里亚大约二十位其他孤独的发明家去创建自己的文字系统。

不仅如此，切诺基音节系统仍然沿用至今，但最重要的是，它构成了该群体语言、文化和社会身份的基本要素。现在他们也有了自己的谈话方式，与从前不同了。塞阔雅是民族英雄。

塞阔雅的故事对于那些有梦想并且只为实现梦想而活着

的人来说是一种鼓励。他的故事告诉我们，我们必须要了解自己是谁，将我们的身份视为一种力量而不是弱点。同时，塞阔雅的故事也鼓励了那些有勇气与不相信科学的人作斗争的勇士。对于那些努力战斗并最终获胜的人来说，塞阔雅的故事也是一种激励。

文盲

大约一个世纪或者一个多世纪过去了，在另一片大陆上，在老挝边境，我们看到了一位来自越南山区的农民杨雄录(Shong Lue Yang)，他正弯腰编织着柳条筐。杨雄录从小没有上过学，长大后也不会读书写字。除了经常猎松鼠之外，他还会梦见异象。1959年的一个晚上，两个神秘的天外来客出现在他的梦中，他们在鸦片的烟雾中向他透露了文字的秘密，并命令他将其传递给苗族人和克木人，让他们也能接触到现代化并从政权中解放出来。救世苗文由此诞生。

相比于切诺基文字，救世苗文显得更加精致，它是由复杂音节组成的半音节，每个音节由三个字母组成：韵脚、音调指示符和起音（kau、kai、kee）。通常音节都会将这三个成分颠倒放置，也就是起音、音调指示符和韵脚；但杨雄录反而把韵脚放在了开头，即还是以标准的顺序阅读音节，以辅音开头。这种倒置意味着杨雄录更加重视韵脚，即元音的声调。出于这个原因，文字是半音节的，这种类型的文字也称为元音附标文字或音节音位文字，元音以附加符号的形式标出，但辅音则较少标出（图4.5）。

图4.5 用救世苗文书写的铭文

令人惊奇的是，杨雄录还继续改进了四个版本的救世苗文，从语言学的角度来看，每个版本都比前一个更先进。我们的松鼠猎人以他难以置信的直觉，一遍遍地修订，所有音节都得到了改进。在世界历史上，从来没有一个记录在册的传世文字，会像救世苗文这样，从纯文盲的基础阶段经过反复的提炼而形成最终的版本。即使我们不相信神灵，我们也必须承认，人脑的可塑性真的可以做出不可思议的事情。

杨雄录的启示梦境很快变成了一场弥赛亚运动，他被誉为精神领袖，数百名行者跟随他学习文字并听取他的占卜。和妇好一样，杨雄录也可以看到未来。他成为除塞阔雅外另一位为受压迫人民带来光明和知识的英雄。即使在今天，他仍被尊为"文字之父"。从文盲到文化捍卫者，杨雄录在短时间内获得了太多权力。他的结局并不好,被共产主义政权杀害。显然,教科书式的占卜师,他已经预见到了自己被谋杀的命运。

这些故事教会了我们一件重要的事情:我们不应该认为文字的发明是一个非凡的事件,是一件困难的、隐蔽的、深奥的、稀有的事物。还有很多孤独的发明家也创作了文字,他们来自世界各地。有的文字是通过梦想或异象揭示的,有的是凭借个体创造者的语言智慧创造出来的,有的是来自于艺术家的纯粹创造力。

最近的文字案例,即在西非发明的数十种文字,以及在阿拉斯加、亚利桑那、利比里亚、喀麦隆、苏里南、缅甸、菲律宾等地发明的文字,都是被殖民者对殖民者的回应。殖民者和被殖民者都将文字视为一种地位的象征。前者想方设法将自己的文字强加于后者。在这些情况下(但也许不是全部的情况),文字拥有一种能够获得他人盲目崇拜的特殊力量。创造它,将它作为一个对象来操纵就意味着获得那种力量。

所以文字的发明可以作为神的启示,也可以作为意识形态的使命。在这些充满意义、如此实际和神妙的空隙中,还存在着无意义的文字,仿佛它是一个象征性的"事物",只是为了展现隐喻的、禁忌的、不可触碰的力量。

启示梦境中诞生的文字永远不会被完全揭示。挖掘,挖掘,你会发现它总是充满了秘密。

孤立的分支

神奇宝贝

　　孤立的分支,即没有进化、没有后代、没有未来的文字。当我们谈论孤立的分支的时候,还是躲不开秘密这个话题。

　　不知道大家记不记得住所有的神奇宝贝。反正我是记不住的。但是两个孩子给我看了一本百科全书,里面描述了所有类型的神奇宝贝,按照"种族"、地区和发展轨迹进行了划分。神奇宝贝世界是达尔文式的,存在着生存、选择、进化的斗争。这是一个解释起来有些复杂的现实世界,但我发现了两个基本的进化论原则:(1)这些生物种类繁多,都具有特殊的力量;(2)有些类型的神奇宝贝不会进化,不会变得更强大、更有能力、更有天赋,它们保持自身不变。在神奇宝贝的自然选择中,这并不是什么优势。

　　神奇宝贝进化论的受害者之一就是未知图腾(Unown),一种属于通灵"种族"(你们不要提问)的神奇宝贝,它的形状像一只眼睛,加上身体其他的部分,整体看起来又像是罗马字母表中的一个字母(你们想象一下,就是拟人化的字母,但不要问我为什么)。它有二十六种格式,每个字母对应一种,但是应该类似于古代文字的字符(我们假设是这样)。如果未知图腾以团队形式出现,它们甚至能够扭曲现实。可惜它们的生活有点孤立,封闭在自己的空间里,像古代铭文一样黏在墙上(当真是人如其名)。

尽管有些自相矛盾,但是未知图腾将会帮助我们理解后面即将进行的实验。

现在是时候说说孤立的分支了,它们没有进化,一直被排除在发展轨迹之外。它们是徘徊不前的系统,依附于自身,因此依旧完全难以辨认。我们下面要说的这些孤立的分支,是无法解释的、没有后代的文字。它们是世界上最奇怪的文字。

我们主要讲其中的三个,来自不同时期,来自不同地区——来自新世界,来自旧世界和来自非常旧的世界。我们从最近的到最古老的,慢慢回到过去。

印加悖论

印加人通常不是因为他们拥有的东西而被人们记住,而是因为他们没有的东西:轮子、熨斗、文字。印加悖论是建立在第三个空白之上的。没有任何一个语言符号,他们怎么可能会成为美洲最大的前哥伦布时期的帝国的？他们又怎么会建造出壮丽的马丘比丘，却没有文字来形容它的美丽？

答案是他们的确做到了。如果印加是唯一没有发展出我们目前所见的文字系统的原始国家，那么它确实为我们留下了在技术和想象力方面可能超越它的东西。是时候跳出条条框框来思考了，目光从扁平化符号上移开，给幻想留出些空间。至少片刻。你们准备好了？

印加人给我们留下了一个三维系统，一种三维的"文字"。引号是必要的，因为我们不应该用传统的术语来思考它：它不是简单的印记或刻印在光滑表面上的符号。印加人通过一些物体来与我们交谈，他们给了我们一个有形的系统，我们小时候用来数数的手指的一种延伸：长长的彩色羊驼毛绳或美洲驼毛绳。它们一排又一排彼此系在一起，作为一条类似于项链的主绳的吊坠，上面打满了结。想象一下成千上万的绳子和数万个结，就像是一道充满信息的彩虹。这些绳子就构成了奇普（图4.6）。

图4.6 奇普

在弗朗西斯科·皮萨罗的致命侵略到来之前，整个帝国都是依靠奇普来管理和统治的。近两百年来，在十五和十六世纪，数学符号、计算、日历、税收、人口普查都是通过在这些彩色的绳子上打结来精确记录或者推算的，甚至可能还会用来叙事。然而，了解奇普背后的运作模式并非易事。我们面临着数量惊人的绳结需要分析，这些绳结由不同的人因为不同的目的绑在一起，并且散布在安第斯山脉中部的广阔地区。不仅要了解细节，还要了解基本原理，这非常困难。

至少直到最近，最流行的观点是奇普只是助记符，就像滚动念珠的珠子只是为了思考诵读的经文一样。据说，奇普的主人使用它们来刷新对要重述的信息的记忆。从这个角度来看，它像是一个封闭的系统，只有创造它的奇普巫师才能理解。如果它如此密不透风，那还有什么意义呢？我们最终还是会以无法破译的结果悲惨地结束，就像希尔德加德的文字或伏尼契的手稿那样。

也许它背后还有更多意义。

要了解奇普是如何运作的，我们就必须回到孩提时代。在学校，我们开始用我们周围的物体来数数，例如木块、乐高积木、算盘。我们通过从成堆的物体中添加和删除对象，并看着我们的十个手指来学习加法和减法。当我们学习写字和做算术的时候，我们将自己沉浸在抽象的二维数字中。你可能已经忘记了，那一刻是数字的具体性丢失的那一刻，我们意识到10在没有物理参照物的情况下描述了一个维度中"十个单位的某物"。抽象占据了我们的思维。不知不觉中，我们突然成为数字"概念"的柏拉图式的观察者。用手数数变得原始、幼稚。不过,这也当然。

会说话的绳结

奇普系统有孩童般的热情,因为它仍然依附在木头块上,依附在乐高积木上;但是在保持这种具体性的同时,它绝不是原始的。绳结形成十进制的数据表:因此数字10是一个物理的、有形的、多维的事物,由十个结点组成。奇普就像Excel电子表格,也分成列和行,项目包括数字、总和与总计。它不是助记符系统,而是表示数据的物理系统。不是像絮絮叨叨念经时手中滚动的念珠,而是数以千计的算盘珠子,用来计算、移动和管理。它是一个物理的、具体的系统:对我们来说,Excel表格很容易阅读;但是奇普系统,简而言之,读不了。

因为奇普不会止步于数字。这些打满绳结的"项链"中有三分之一是用来叙事的。很难想象居然可以用代表数字的环状和彩色绳结来讲述故事,但真相就这样吧。姓名、地点、家谱、歌曲都被编辑成一串邮政编码,身份证上的数字,电话号码,黄色、绿色和蓝色数字来背诵。因为对于印加人来说,数字不仅代表数量,还可以代表特性。我知道,这很难理解,但请尽情发挥你们的想象力。

绳结是三维的,因此具有形状、方向、相对位置、颜色、

175

厚度、多种形态。每个元素都有不同的含义：远离主绳，靠近主绳，记录的数量随着距离的变化而变化。这是一个三维的数独游戏，多用途，多参考，同时兼备精确性。根据十六世纪中叶的西班牙编年史记载的内容，奇普能够取代旧世界最精致的文字。一位传教士报告说，一位印加女士给他带来了一个奇普，讲述了她一生的全部故事，全都藏在绳结里。不可思议。

事实上，我们不知道这如何发生的细节，因为我们没有将每个绳结的元素（大小、厚度、颜色、数量、方向等）与精确含义相关联的图例。我们缺少一块用来做比照的石头，缺少一块能为我们提供线索的印加的罗塞塔石碑。但即便如此，根据一些略显片面的观点，我们还是可以得出一些结论的。

原始系统

你们看过电影《降临》吗？艾米·亚当斯在里面扮演一位语言学教授，被美国政府聘请，进行外星人语言和深奥文字的翻译。外星人使用一种特殊的系统进行交流，把像棕褐色墨水一样的物质喷洒在空气中形成圆圈，然后逐渐消失、消解，不留下任何信息的痕迹。艾米·亚当斯每天研究这些圈圈，逐渐开始理解其中的信息，最后破译了外星人的棕褐色云雾。这部电影比我的描述要精彩得多，场景多是阴雨绵绵，画面色彩柔和，凸显出梦幻般的和谐。不过，我们只对里面的一件事情感兴趣：外星人喷洒的会意文字。

会意文字是一种传统的、象似性的和抽象的符号系统，它包含着信息，但没有特定的语言。符号和声音之间的联系是可变的、松散的，没有精确的规则。这个系统不是语音系统。想想数学公式、音符或洗衣机说明——这些都是语义系统。由于规范了我们对其含义的阅读，我们可以识别它们，但我们也可以阅读到它们的各种语言版本。简而言之，会意文字是元语言系统，而不是语音系统。

有些人认为，严格意义上的会意文字不应被视为文字。那么，如果是这样，也许我们应该将奇普视为一份原始的草稿，一个史前的内测版文字系统，一个在识字发展为零的阶段的系统？换句话说，印加拥有数公里长的街道、雄伟的建筑和大片的领土，是一个高度文明化的国家，那么奇普是否拉低了印加帝国的文明程度呢？

当然没有，我这么说不是因为我像弗洛伊德所说的那样，高估了所爱对象的缺陷。而是因为印加人必须要控制这么多民众，对这么多人进行人口普查，管理这么多公共事务，正是因为所有这些"不得不做"的事情，印加人决定使用一个开放式的系统，它超越了单一的语言，是所有民众都能理解的系统，是一个集体的系统。

但陪审团尚未裁定。而且，公平地说，文字系统方面的专家还太少，无法做出最终裁决。我们的学者们，也应该像五百多年前的印加人一样，联合起来。各种各样的数字目录，这也许会带来一丝曙光。哈佛大学的加里·厄顿和他的奇普数据库（KDB）似乎已经确定了村庄普鲁丘科（Puruchuco）的地名，由三个数字的序列表示，就好像它是一个邮政编码。我们不能排除这个系统背后有一份精确的语音记录，但我们还远远不能证明这一点。

要了解奇普，我们需要摆脱对文字定义的先入之见，并且不要将我们狭隘的想象力、我们"已经看到"的知识与我们正在分析的文明中所谓的空白混为一谈。我们需要对奇普保持开放的心态。也许是我们的想象力太有限，阻碍了我们理解它们。无论如何，无论奇普系统是多么巧妙，它都没有"后代"。在印加人被征服后，这些记录着印加人信息的奇普也渐渐消亡，尽管听起来让人有些不甘心。

奇普的一生是一个闭环。如果皮萨罗没有将那里夷为平地，奇普是否会有未来？是否会成为真实而清晰的文字？谁也不知道。反正我是不会在这个问题上下注的，但谁知道呢。

黑暗

我前面答应过你们，要回到古老的大陆，回到克里特岛，回到四千年前爱琴海文字的时代。现在我们必须回去了，因为它们中间藏着一个文字分支，也许是孤立的，也许不是，但肯定是最神秘的。就像所有最隐秘和最难解的谜题一样，它是有目共睹的。正如英国人所说，隐藏在显眼的地方。除了我们看到的克里特象形文字和线形文字A之外，还有一种文字在专家中臭名昭著，在公众间也很有名。在希腊，它是一个被滥用的标志，就像巴黎的埃菲尔铁塔或威尼斯的贡多拉一样。它的形象无处不在，印记、绘画、印刷、仿制品、复制，它成为营销和消费的猎物，是与希腊无关的"希腊性"的扭曲观念的一部分。

它就是斐斯托斯圆盘文字。斐斯托斯是米诺斯的宫殿之一，二十世纪初意大利考古学家路易吉·佩尼尔在那里发现了一个圆盘。之前在岛屿北部的克诺索斯出土了一些雄伟且充满线形文字A和线形文字B的碑刻，后来又从岛屿南部、斐斯托斯附近的复杂建筑圣三一遗址中出土了线形文字A，但是在这个宫殿中完全没有发现任何类似的文字记载。在这里，几乎看不到文字的痕迹。但是，佩尼尔想知道，在这样一座气势磅礴的宫殿里，有着富丽堂皇的宏伟楼梯，怎么可能只有区区两块铭文散落在各处？

1908年考古学家进行了最后一次挖掘活动，用于勘查建筑物的资金已经消耗得差不多了。对于佩尼尔来说，这是一段非常难熬的艰难时期。根据当地的传言，资金都被嫉妒他的考古学家们用完了。当时的佩尼尔非常需要一次转机，一丝曙光。

转机说来就来。他很快发现了斐斯托斯圆盘。该发现受到包括竞争对手在内的所有人的肯定，就像当年的其他发现一样。斐斯托斯瞬间名声大噪，声名远播。斐斯托斯圆盘的发现令所有人惊叹。它与以前见过的任何文字都不一样（图4.7）。

图 4.7　斐斯托斯圆盘的一面

这么小的物体——十六厘米厚的黏土——怎么可能成为克里特岛的标志，克里特岛的"贡多拉"？为什么这么有吸引力？答案很简单，就在周六早上做的填字游戏中，在神秘书籍中，在关于犯罪和谋杀的电视连续剧中，在那些让人盯着手机等待消息的固执和单相思的爱情中。答案就在阴影中，在生活的盲点中，在对我们分析能力的刺激中，在我们的预测和期望的强制投射中。答案就是最具吸引力的谜团：掌握我们未知的东西，先于他人到达那里。用直觉，去探查，去解码。

我们很容易成为未知事物的猎物。它让我们对未来充满信心。越是被黑暗笼罩的东西，它越暗，我们就越想给它一些光。

因此，只需要一个小小的物体，比如斐斯托斯圆盘，就足以点燃挑战的导火索。一连串产生催眠效果的难以辨认、难以理解的字符。谜团不仅在于文字，还在于它的发现、历史和对其真实性的怀疑。围绕着斐斯托斯圆盘的一切都告诉我们关于错误、技巧和有待解决的谜题。这故事就是一局"妙探寻凶"，而不是一局"昆虫棋"。

蛇梯棋

想一下，如果你们特别幸运地碰见一件大好事儿，就像发生在路易吉·佩尼尔身上的那样，那么之后发生在你们身上的第一件事情会是什么？首先，八卦者会立即展开攻击。于是这个圆盘只能是一个骗局，一手制造出这个骗局的是一个充满仇恨和嫉妒的考古学家，目的是寻求荣耀。总之，它不可能是真的，佩尼尔一定是造假了，圆盘一定是假的。

八卦都说对了，真的是这样吗？好问题。我们分析一下当时的情况：有一位意大利考古学家，他在竞争激烈的环境中工作；有一个贫困的挖掘活动，资金耗尽。在这种情况下，制造假货可以让他翻身。那些在大学环境中工作的人非常清楚，用邪恶和嫉妒毒害一个做学问的人远比通过合作和对话让他说清楚更容易。

撇开这些八卦不谈。我们来思考一些事实。真相到底是什么？圆盘无疑是奇怪的，它刻有完美的符号，拥有圆润而规则的边缘，看起来就像昨天才包装好的。就算不是，看起来也像假的。有些人仍然这么认为，即使在有经验的同事中这种观点也很普遍。然而，圆盘被发现的考古背景是绝对坚实可靠的。它的年代也是真实的，可以追溯到克里特岛象形文字和线形文字Ａ在岛上共存的同一时期，尽管位置不同。该圆盘是在非常古老的刻有线形文字Ａ的泥版旁边发现的。总而言之，在怀疑论者的赞同下，我们必须得出结论，佩尼尔没有编造任何东西，正如他们行话里所说的那样，这个圆盘是"有效"的。那些关于欺骗和诡计的大胆故事，那些谣传的八卦，必须被埋在层层无用的学术谩骂之下。

不聊这些八卦了。我们来提出一些合理的问题：这样的圆盘有什么用，上面写了什么？

斐斯托斯圆盘上面的内容不是行政文本。排列成螺旋状的符号让人联想起后来的另一个铅盘，上面的字符是用另一种今天仍然几乎无法理解的语言——伊特鲁里亚语写成的。佩尼尔在他的挖掘报告中立即引用了马里亚诺圆盘，仿佛在说"我没有复制"。这两个物体非常相似，但这只是一个奇怪的巧合，伊特鲁里亚和克里特岛没有任何历史联系，时期也相距甚远，应该说是太远了。

所以也许这是一个桌上游戏，一种"蛇梯棋"？在千种解释中，也有人提出过这种解释。埃及人在圆板上演奏了由一条盘绕的蛇限定的路径。蛇梯棋，又称作迈罕棋。迈罕实际上是"盘绕者"的意思。他是蛇神，他身上的路径标志着从生到死的通道。现代版的"蛇梯棋"游戏当然没那么庄严，也没那么可怕。斐斯托斯圆盘是否是克里特岛的一种娱乐活动？对于一些无聊和厌倦了只需要编写有关羊毛和绵羊的清单的抄写员来说，斐斯托斯圆盘是否是一种消遣？我真的不这么认为。

也许斐斯托斯圆盘并不像想象中的那么孤立，这些螺旋排列的字符与米诺斯人并非没有关系。我们看到他们的线形文字 A 也排列在环状边框上的圆圈中，或者围绕一个漂亮的圆锥体杯子涂有线形文字 A 的符号（图 4.8）。能在这么深的器皿里画符号，可不容易，当然也不容易看懂。但是没有什么比这个圆盘的字符更难以辨认了，它上面的铭文就是一个难以攻克的填字游戏，一个不可能完成的挑战。

图 4.8　用线形文字 A 刻写的螺旋铭文（杯子内部）

在这种情况下，我们都是未知铭文的猎物，我们不得不承认它最后胜利了。有些事情我们应该承认，我们不知道，没法儿知道，也永远不可能知道。那么我们就认输吗？

黑天鹅

两面都是呈螺旋状排列的一系列符号,几乎都可以识别:各种特征和姿势的男人、女人、鱼、花、花瓶、斧头、蜜蜂、鸽子等等,有些是重复的。米诺斯世界的图像,仅此而已。然而,这些符号与克里特岛的象形文字只有非常模糊的相似之处。它们来自哪里?它们为什么会出现在这张圆盘上?

这个圆盘的奥秘中又包含两个谜团。一是该圆盘是特意在高温下烤制的,为了长久保存。这是不寻常的,因为线形文字A的泥版和克里特象形文字的黏土文本之所以能保存下来,是因为它们被"烧过",被摧毁建筑物(首先是米诺斯宫殿,然后是迈锡尼宫殿)的火烧过。烘烤黏土可以使泥版几乎坚不可摧。因此,它们能保存下来并在几乎完美的条件下到达我们身边,但是这都只是它们人生旅途中的一次意外,幸运且出乎意料的命运带来了爱琴海碑铭文的意外发现。

第二个谜团是圆盘上的标记没有刻在黏土上,它们是被印出来的。它是最早的印刷品,比古登堡早几个世纪,古登堡在十五世纪的欧洲文艺复兴时期发明了活字印刷。斐斯托斯圆盘却已经使用了这个技术,并且都能排成一排,排成一圈地印制字符。一个没有历史连续性的先驱,因为克里特岛的模具没有被用来给任何其他物体打上印记。斐斯托斯圆盘是独一无二的。

二百四十二个符号,呈现出分隔良好且非随机的单词序列,这很可能表明这是一种真正的书面语言;但如果是这样的话,它就是一种音节文字,例如克里特岛象形文字和线形文字A，或者是一个语标文字，每个符号都表示一个词素，也就是说，表示一个词？第一种可能性是最受认可的，但符号总的数量不足以验证假设。这是孤例的诅咒，没有办法进行伪造或验证。圆盘上的文字不仅是孤立的分支，也是一只黑天鹅：罕见，非常独特，且具有很强的影响力，并且受到诅咒。

说它是受到诅咒的，是因为我们没有办法应用科学方法来验证猜想，因此没有人能够破译它。带着微妙的英式讽刺，曾经帮助迈克·文特里斯破译线形文字B的语言学家查德威克（Chadwick）写道："即使米诺斯国王本人在梦中出现并给了我答案，我也没有试金石向全世界证明我的答案是对的。"落幕，故事结束。我们又回到了"蛇梯棋"游戏的开始，这是一条没有人赢得比赛的死胡同。正如罗马人所说，隧道尽头只有卡车的前灯。

印度河的动物寓言

我们的生活总是带着遥远而模糊的记忆。在文字的历史中，就和在生活中一样，时间越久，感知就越混乱。但是，我们在公元前3000年的印度河流域发现的情况并不比在克里特岛的发现更捉摸不定。那里也有一个圆盘。这是一场以无法辨认和孤立为主题的美丽竞赛。我们可以说两者都令人捉摸不透，黑暗到接近最新一代"梵塔果"（人类造出的世界上最黑的物质）3.0的色调，能够吸收近100%的光线，但这并不令人欣慰。不过，我们相信，如果文字是由人类编纂的，那么它也可以被人类解码。"我是人，人所固有的，我无不具有。"所以让我们去寻找那一丝曙光吧。

哈拉帕和摩亨佐·达罗文明的文字诞生得很早，几乎与埃及和美索不达米亚同时出现。在其成熟阶段（公元前2600—公元前1900年），在现在的巴基斯坦和印度北部之间的印度河流域散布着数量惊人的定居点，其中许多是小村庄的规模，但也有一些城市。这一伟大文明的发现已有近百年的历史，并且轰动一时，因为它使印度文明的起源往前倒了几千年，一直可以追溯到阿育王帝国，比耶稣诞辰早了两百年。

对该地区的起源进行考古是为了解印欧影响是否早在五千年前就已经存在。如果这种情况属实的话，这对我们的起源也很重要，因为这样一来，我们的起源就是"印度"，而非"欧洲"。我们的历史就早了数千年，起源于向东（印度）和向西（欧洲）迁移的古代新石器时代的古老移民。

这其中存在不确定性。在印度河流域的文字背后，或许还有更遥远的起源，可以在达罗毗荼语言的发展轨迹中找到，而不是在后来与梵语相关的"印度-雅利安语"中。但我们必须保持谨慎。在广阔的历史长河中，这些语言归属常常带有民族主义色彩：雅利安民族的纯正性、印地语-梵语的连续性、延续至今的直系身份的描述。

理解这种文字将有助于让我们更加谨慎，不轻易去构建大胆的和带有倾向性的等式，比如身份等同于语言，语言等同于种族。不存在这种等式，长途旅行是由迁徙、移动、寻找家园、抛弃家园的男人和女人来完成的。他们曾经对话，但彼此不理解，他们曾经试图沟通，重复并混合了前面所有的行为，然后重复，迁徙，移动，再次尝试交流。语言和文字绝不能与意识形态或政治联系在一起。即使破译文字和识别其语言的目的不是为了发现以前未知的内容，它们也不能用于其他任何功能性目的。它们不能被用作操纵的工具、对某种意识形态偏见的证明或者扼杀历史的噱头。

我跑题了，对不起。这实际上是一种呼吁，不要出于政治目的对待语言。科学和科学数据是没有政治倾向的。

摆在我们面前的仍然是一个让人头疼的问题。印度河的文字是一团糨糊，因为即使在有关其定义的问题上，我们也无法达成一致。为方便起见，我们称其为文字，但多年来人们一直对它的地位进行激烈的辩论，有时甚至是血腥的。学者之间也是有争议的，但通常都很冷静，但围绕在印度河流域文字（IVS）周围的都是激烈的角斗活动。

"铭文"在大多数情况下是刻在非常小的石头印章上的，三到四厘米长度。有将近四千个，所以对于我们这些见惯了数量较少的样本的人来说，这似乎是一笔巨大的财富。问题是这些印章上的符号很少，通常每个印章上有五到六个。并且它们旁边还刻着可以很好识别的动物形象，犀牛、大象、老虎、水牛、瘤牛和一些奇妙的动物形象，例如看起来像独角兽的动物（图4.9）。有时会出现摆着瑜伽姿势的小人像，可能是神的图像。

图4.9 印度河流域的文字，刻有"独角兽"的铭文

你们还记得克里特岛象形文字的印章吗？不，它和哈拉帕的印章没有直接联系，它们在空间和时间上的距离都很遥远。但它们让我们联想到一个问题：之前说起克里特印章的时候，有人问"是否是文字"的问题，因为这些符号看起来就像是装饰，像简短而公式化的序列；总之，当时很多人也产生过这样的怀疑，甚至还有人咬牙切齿地表达了一些抗议，但我们希望这些质疑现在已经不攻自破了。哈拉帕的情况也是相似的，唯一的区别是在印度印章上，正如你们所看到的，这些标志是示意性的、线形的，并不都是象似性的，所以它们看起来更像是一种"正式"的文字，而不是图画。但同样的质疑也是存在的。然后，在这些字符中的那些印度动物寓言（但是里面没有眼镜蛇）有什么作用呢？这些动物是什么？是宗教、政治和家谱的象征吗？

熵

角斗士出场了。决斗的两支队伍,一支队伍认为石头印章上刻印的是文字,另一支持反对意见。在这场冲突中,什么都有,破译的尝试、算法、民族主义的要求,甚至是一些隐晦的侮辱。在竞技场内,计算机科学家、神经生物学家、考古学家、历史学家和语言学家开始战斗,一场生死之战就此展开。

持反对意见的队伍认为印章上的铭文不是铭文,符号不是符号,语言不是语言。内容序列太短,重复太多。太多符号都太罕见,出现的频率太低。其他有些符号甚至只出现过一次。太多和太少都是非语言系统的特征,我们已经在伏尼契手稿中看到了这个特征。非语言类的符号,如果被放入一个系统,一般会出现两种情况:(1)不遵循任何顺序;(2)太遵循顺序,所以有些死板。自然语言是符合亚里士多德哲学的,它介于这两个极端之间,是一种灵活的生物。

简而言之,持反对意见的团队说印度河流域文字(IVS)是一个系统,但不是语音系统。

那么它是什么系统呢?我们必须承认,这个答案有点容易。根据持反对意见的团队的说法,这些符号标志代表的是家庭和氏族的标志、纹章符号、随意画的宗教符号。它们类似于东欧和南欧(比如塞尔维亚、科索沃)新石器时代的温查文明的符号或美索不达米亚的一些指示诸神(太阳、月亮、星星)的标志。太容易了,不是吗?

的确是太容易了。至少对于持正方意见的团队来说。他们经过努力，投身于计算机计算理论，才取得了成功。获胜的策略是计算出特定符号跟在其他符号后面形成序列的概率。在"正常"语言中，单词或字符一个接一个的排列方式几乎是可预见的。例如"u"跟在"q"后面，等等。但是，这个模式是具有灵活性的。这个灵活性叫做条件熵。名字有点吓人，但基本概念很简单。如果我能理解它，你们就一定可以。

我们能否推断出统计规律？印度河流域文字中是否存在一致的模式？为了理解这一点，我们对比了自然语言的模式，例如梵语或苏美尔语，然后又对比了非语言的DNA图谱。我们看到，印度河流域文字更加接近语言，与非语言的DNA图谱相距甚远。这本身并不能证明该系统是语言学的，但它是一个线索，证实了这些符号是文字的观点并不是没有根据的。

在那之后，持正方意见的队伍（现在直接抓住关键问题）给出了很好的反击：他们获取了所有符号并分析它们在铭文中的位置分布。这种称为马尔可夫链的统计方法可以检验出某个符号是在铭文的开头还是在结尾处出现得更频繁，以及在某些符号之前或之后的其他符号之间的重复情况和相关性。即使铭文不完整，马尔可夫链也能够帮助到我们——如果存在符号的统计分布，如果序列具有最少的重复模式，我们就可以填补漏洞。

持反对意见的团队的回应是什么呢？他们说这些都是无稽之谈，熵分析仅证明该系统既不灵活也不僵硬，这一点已经为人所知，并且"即使是纹章符号或占星术标志或童子军奖章也有一个连贯的结构"。持肯定意见的团队很快予以回击，并且持续了很多年。我发誓，真的多年来他们发表的杂志绝不是废纸,而是顶级的科学期刊。啊,研究文字的科学家,真是太艰难了!

在学术斗争中,最后一个问题仍然存在:印度河流域文字是改编自现有系统的文字还是从头开始发明的?第一个假设成立的可能性更大。这可以排除掉一个情况,即它是继埃及象形文字、楔形文字、中国汉字、玛雅文字和复活节岛的朗格朗格文之后的世界第六项发明。有考古证据表明印度河流域的人们在公元前3000年期间与美索不达米亚(尤其是埃兰地区)进行了贸易。此外,美索不达米亚和波斯湾也出现了印度河流域文字的印章。这本身并不能证明它是直接传播过去的,但是还是令人生疑。

在印度哈拉帕文明成熟时期之后,印度河流域文字最终何去何从尚不清楚。哈拉帕-摩亨佐-达罗文明是如何结束的,则更加鲜为人知。也许这是世界上被尝试破译次数最多的文字系统,但失败的次数也一样多。它不是孤立的分支。印度河流域文字的分支似乎是直接被砍掉了。

社会发明家

达成一致

迄今为止看到的实验让我们明白了一件事：相对而言，发明（或重新发明）是一件容易的事情；能够抵挡住时间的考验，经久不衰才是真正困难的事情。如果某样东西想要留存下来，正如我们前面已经看到的，它必须被重复、传播和增殖。为了使一切能够顺利发生，需要一群达成一致意见的人。

这个群体必须致力于维护、发展和滋养像文字这样的文化对象，并且在使其增长和制度化方面发挥着至关重要的作用。没有什么是自发运行的。出于这个原因，我们孤独的发明家们，无论他们本身有意与否，都从未见过自己的发明成果在广泛的范围内或在几个世纪的时间里蓬勃发展。他们创造的圈子太窄了。

因此，要确保文字的发明的成功，在群体内部就必须达成统一意见，更重要的是，要持续地达成统一意见。[①]与此同时，正如所有事物都有发展、续存和进化的过程一样，文字的图形本质也将发生有机变化：符号会随着时间的推移而改变形态。[②]然而，我们都知道，达成一致是世界上最困难的事情之一。我们并不总是相互理解，我们并不总是很好地沟通，信息也并不总是能够清晰地传递。人类的交流是一场壮观的混乱。那么如何达成一个共同的方案呢？我们努力培养团队精神。下面我们就进入到创建代码的生活实验室。

为了理解我们如何在社交场合进行交流，我们试图重建图形符号（也就是书写的字符）的诞生和演变，就好像它们是"生活外"可观察到的现象。这并不完全像在实验水平上、在受控环境中、在没有干扰和周围没有噪音的情况下重新创造文字的发明。正如我们已经看到的，过去的历史充满了噪音和漏洞。无论发明的时刻发生在何时，重建这个时刻就好像在沙子上重建脚印。这些时刻都不是具体可感知的，也不是能够完全依照原样复制的。

但是通过创建图形符号的实验，我们可以追溯到这些共享的编码诞生和演变的过程。如何获得这些符号？图形系统的"共享"是如何运行的？如果通过重复人与人之间的信息传递来模拟世代相传，这些符号会发生什么变化？以及当它

[①] 除了依靠群体之外还有另外一种情况：从高层向下强加一种文字系统。发生这种情况的案例很多，通常与政治或宗教因素有关。想想阿塔图尔克的例子，他在土耳其进行了重大的现代化改革，并在1928年强制使用罗马字母来记录土耳其语，取代了之前基于阿拉伯语辅音字母表的土耳其-奥斯曼文字。

[②] 除非还是从上往下强加这种图形形态的改革。

们"相互碰撞"时，它们的图形形态会如何演变？这些实验是一种压缩的产物，因为它们包含了一系列会话中的所有传播层次，它们向我们展示了人们如何开发符号以及如何尝试有效地传达它们。在这些实验中，就好像沟通过程从前到后整个都被压缩了，这通常在符号的"有机"进化中占用了几代人。在这里，我们看到人类在交换图形信息时的密集的互动。

我们会看到有些被采用的策略与文字的发明有着谜之相似的地方（但也许也没那么奇怪！）。并且要让文字独立存在，就需要大量的对话，因为任何交流和关系的建立都是需要很多对话的。

布拉德·皮特

符号从何而来？标志、图标、图形代码？这是我在本书开头就已经提出的问题。我们在本节中将要看到的实验（最近由认知心理学家进行的实验）或许能给我们一个答案。

参与者围坐在一张桌子旁。要求他们互相不交谈，也就是不使用语言（否则太容易了），但是要互相传递消息。他们每个人都只有一支笔和一张纸。他们必须以书面形式传达一个复杂或抽象或难以"描绘"的概念，例如"肥皂剧""博物馆""议会"或"布拉德·皮特"。这个游戏有点像"你画我猜"。实验的"导演"控制"演员们"要做什么，并监控他们在反复互动后出现的交流方式。

立刻就出现了三种情况：(1) 信息重复得越多，传达得越成功（熟能生巧）；(2) 使用的符号从超级象似性和复杂的图形形式开始，逐渐变得不那么象似性、不那么详细、越来越抽象；(3) 多次互动后，用相同的符号来表达相同的意思，所以参与者的行为开始对齐、趋同、越来越一致。

这三种情况直接导向图形符号的诞生，由一系列通用和确定的符号组成。我们可以追踪它的动态演变。例如，在两个人（二人组）之间的一系列实验中，"博物馆"概念的勾画最开始是各种细节：平台上的恐龙形象和观看它的游客。在第六轮游戏时，符号已经进化，可怜的霸王龙只剩下主干（图4.10）。

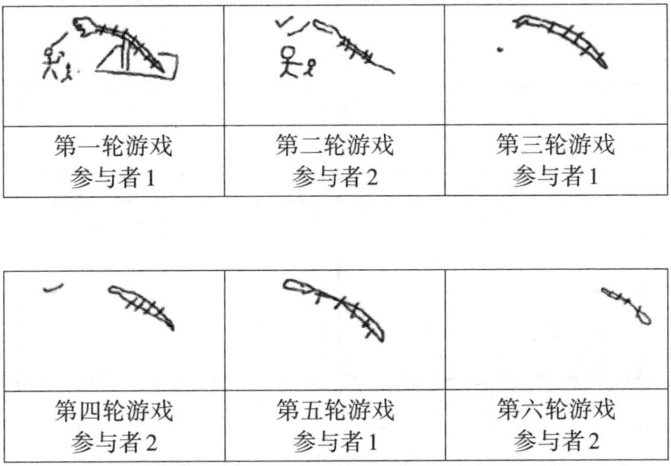

第一轮游戏 参与者1	第二轮游戏 参与者2	第三轮游戏 参与者1
第四轮游戏 参与者2	第五轮游戏 参与者1	第六轮游戏 参与者2

图4.10 在图形进化中的"恐龙"的符号

这向我们表明，社交互动越多，参与者之间的交流重复就越多，信息在形式上就越一致，以至于信息失去了几乎所有不必要的细节。如果我们给这种模拟再加上干扰，就是加上被动观察者，要求他们主动识别参与者开发的符号。被动观察者们会有些迷茫，不会按照步骤进行，也无法参与到分享消息的活动中。

"布拉德·皮特"的图形符号的诞生最终比恐龙更糟糕（图4.11）。传递"布拉德·皮特"的实验不仅进行了二人组的，即两个人之间的交互，而且还由通信网络中的多人进行

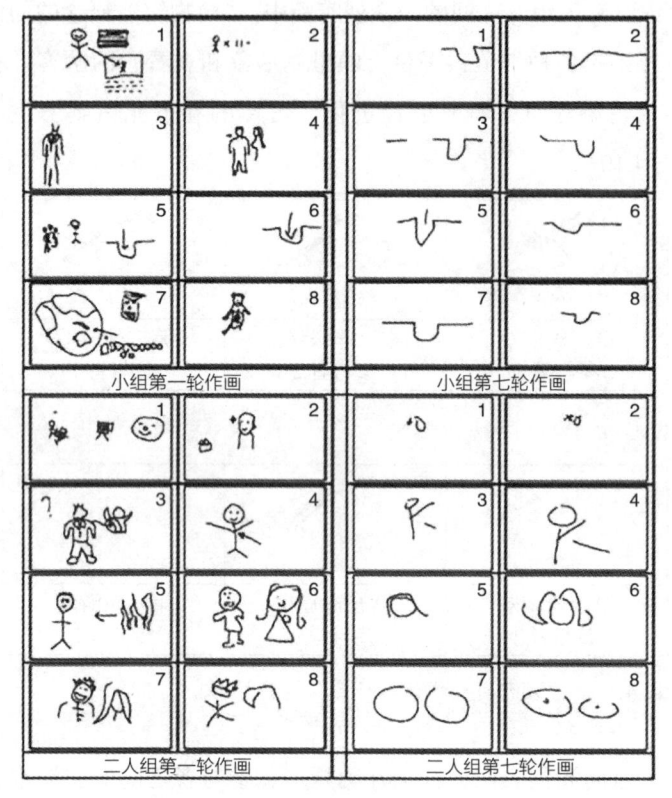

图4.11 "在图形演变中的布拉德·皮特"的符号

了集体交互。小组成员被分在四个实验室里，每个实验室里八个人，模拟一个小型的公司：参与者两两交换信息，直到每个人轮流与其他所有参与者都进行了互动，形成一个传递网络。比起恐龙，布拉德·皮特的图像发生了更加令人惊讶的演变。

交互过程中绘制的第一个"布拉德·皮特"的符号都画得非常好：很多参与者都画的是他和一个女人，也许是因为他被认为是出类拔萃的英俊男人，也许是想象安吉丽娜画出来（这篇文章的发表时间是在他俩离婚前）。令人惊讶的是，有些人使用同音异义的方式来表现。皮特（Pitt）在英文中的意思是"洞"或"空心"：在多幅图中，皮特是用一个坑加一个箭头表示，还有画个腋窝加个箭头来表示的（因为英语中的"armpit"是腋窝）。

逐渐地，经过了一次又一次的信息交换，符号从最开始的象似性和细节化，慢慢变得更加简略和粗犷，直到它在一个洞和腋窝的草图中变得毫无血肉。可怜的布拉德·皮特，他只剩下一个"坑"了。或者甚至连坑都不是，如果我们将右下角的最后一个符号解释为对他妻子（现在是前任）的略微含蓄的恭维的话。这是一种象似性的恢复和重新诠释，外加一点小幽默。

这说明了什么？即使是美国演员，不管一开始的图像有多么地"象似性"，在社会互动中最终也变成了苍白的形象。一旦信息被接收和吸收，符号就会逐渐被简化。正是人类之间的互动决定了符号的演变。这种互动是通过我们在图形通信链中相互传递的指令来实现的。而且，如果我们移除交互

197

并让符号演变成没有对话者的独白，代码就会变得封闭，不仅不会丢失细节，还会获得越来越多的信息。

最后，奇迹之处在于，当我们建立一个约定，形成一个共享的代码时，我们使用了一些像同音异义一样普遍、强大而自然的方法。或许这也应该帮助我们进一步了解到"象形文字"这个概念是多么模糊：语言的声音，即使我们强迫它走出门，它也总是试图通过窗户重新进来。我们应该要给每个事物一个名字和一个声音。哪怕是我们认为自己只是在涂鸦而已。

统一

> 越好，越短，越容易的形态不断占据上风。
> ——查尔斯·达尔文，《人类的由来及性选择》

我们的涂鸦，从旧石器时代到今天，都朝着一个非常特定的方向发展。虽然图形系统通常会随着时间的流逝而失去象似性，但并不是说会完全失去它。在某些情况下，例如埃及象形文字，其象似性保持了几个世纪。尽管与此同时，象形文字本身也演变为一种草写速记的文字，称为"僧侣体"。更何况还有玛雅文字，它们更加坚定地保持了原本的形态和图示，甚至都没有创造出更加"便捷"的线形文字。

坚持象似性是一种计策，与文字的感性认知有关。它将文字视为一种艺术的、具象的、令人回味的对象。文字的图标充当了艺术的接口，这是一个需要谨慎守护的框架。显然，我们在这里谈论的是有意识的强加的特征，以及明确的文化偏好（就是经久不衰的传统！）。

另一方面，如果我们屈服于进化的自然力量，我们就会开始，确切地说是"不得不"，逐渐失去象似性。一旦建立了代码或系统，一旦一切都习以为常了，细节和装饰性的象似性压力就不复存在。只有当系统是"新的"的时候才需要详细信息，因为新系统的代码是开放的，信息需要被识别。

当系统变得封闭、有限时，当我们就其特征和轮廓达成一致时，我们终于可以放松了。这种松弛解释了为什么字母表在短时间内失去了其写实和"象形"的形式。牛头、房屋、水和三角洲，也就是它所代表的单词的物理特征，我们的A、我们的B、我们的M、我们的D都隐藏了这些图示的遗迹，象似性的残余被惯例使用的线条给磨平了。

但是，在解释这种演变时，我们要避免一个常见的、粗心的错误。象似性的丧失与工业用途、标准化文字、民主化或希望写得更多更快的需求无关。这不是一个机械的，关于"使用强度"的问题，而是协调、互动、统一的问题。

象似性不再是必要的，因为图形系统在群体里面达成了和谐统一：全员通过，完成。不再需要非必要的细节来清楚地传达信息。通过一些技巧和装饰，我们可以享受简单的奢华，而不必害怕犯错或不被理解。标志（logos）的情况也是如此，它们正在逐渐简化，但仍然可以识别。你们注意到了吗？表情符号也会经历这个过程，它会自我简化，你们后面会看到的（我们在本书的最后会讨论它）。

意大利语中，"统一"从词源上看意味着排成同一条线。在这种情况下，即在图形符号系统的生命周期中，它几乎势不可当地意味着走向线条。我们从线条开始，又返回到线条。

昆虫棋、国际象棋、文字

我们看到的实验告诉我们社会互动在图形符号的诞生方面是多么重要。互动越和谐，系统就越简单，甚至不需要通过语言进行交流就可以让信息传输成功。所需要的只是一块黑板或一张纸以及一个绘图工具。

这并不是语言在其中扮演边缘角色的唯一语境，类似的事情也发生在从一个群体到另一个群体的文字传播中。当另一个群体采用、重新调整、重新改造这种文字的时候。

决定采用哪种文字的人不一定了解充当模型的文字的语言，只需要一个模型而已。想想前文提及的切诺基语：塞阔雅对字母表的了解很少，但他成功地将其用作新文字系统的"模具"或模型。在这个进程中，文字有点像棋盘游戏。两者都有规则要遵循，并且必须做出解释说明。此外，实践的传播可以通过"导演"进行，通过从一个人到多人的间接传播或通过合作传播，或通过个人到个人的直接传播，但它始终是一个社会化的、互动的过程。文字和游戏始终是动态的群体行为和反应交流的一部分。

两者的基本要素也发生了变化：无论是符号还是规则，随着时间的推移，它们都易于修改或替换。简而言之，游戏和文字会在转变和调整中不断地进化和发展，就像社会交流的大实验室里的小白鼠一样。

对它们来说，从来没有一个最佳状态，即最大优化的时刻，一个我们可以说"好了，现在实验是完美的，我们不可能做得更好"的时刻。就像人类创造的所有事物一样，它们都有一些错处或缺陷：多余的符号，棋子太多，规则上的缺陷。万物皆有裂痕，莱昂纳德·科恩曾说过，那是光进来的地方。

但重要的是，语言从来都不是主角。我们一直认为文字是语言的载体、工具和技术。从实用的意义上讲，文字的确是这样做的：肩负着一种语言。然而，语言学之父索绪尔认为文字是一种寄生的东西，从属于语言。这是错误的。文字也有自己独立的、平行的生活。一种文字可以记录多种语言（想想记录数百种语言的字母表，这些语言彼此差别非常大），一种语言可以被几种文字记录（想想用字母和线形文字B和塞浦路斯古典文字写的希腊语）。两条轨道可以相交，但运行是平行的。

文字就是一个独立的个体。在从一个人到另一个人的传递中，语言没有太多的空间。文字及其符号和形式在世界各地流动，被选择、被使用和再次利用、被运输和建模，最重要的是会被修改以适应不同的语言。

对于棋盘游戏，情况也是如此。它们在不同的群体之间传播和交换，并经常作为促进融合的社会润滑剂。语言不是必需的，棋盘游戏也可以通过观看参与者的操作来进行解释。当"外来"观察者看懂游戏或文字的机制时，每个人，观察者和参与者，即使彼此不了解，也会满意地微笑。

识别他人的行为，镜像，模仿，互动。棋盘游戏和文字都是非常人性化的，输赢无关紧要。重要的是，真正有趣的是，认识到对方的行动并理解对方想要交流的信息。

糟糕的陪伴

那么一项发明的成功之处在于什么呢？不在于它的寿命，因为这取决于使用它的群体。也不在于孤立的发明中，它甚至还没真正起飞就已经死亡。成功在于建立一致，允许一套符号代码的共享，以达成群体内部的和谐交流。发明是一个漫长而多步骤的过程，它存在于我们的社会合作中，存在于我们作为一个群体一部分的状态中，存在于交流中，存在于我们与他人的共处中，以及存在于让自己被理解的需要中。

文字发明的成功不在于它的简单性、图形的灵活性、结构的普适性或学习的难易程度。成功在于使用它的人的重复、传播和社会协调，在于持续时间的交互中。

成功不在于发现的灵感，也不在于开始的瞬间动力。这只是开始，也许发现者甚至还没有完全意识到这一点。成功在于接下来的一切：对于约定俗成的细致而严谨的构建。也在于让无用的东西、多余的元素、细节、可识别性和象似性顺其自然地离开，让位于基本元素，那些没有它们我们就无法实现理解的元素。

成功在于修改、整理、完善符号，使系统封闭和清晰。但最终目标不是达到最优。最优永远不存在。正如没有与语言的声音完美契合的文字一样。确实，正是因为系统变得约定俗成和具体化，所以它总是带有缺陷或冗余的元素。这在所有的文字中都会发生，无一例外。例如，在意大利语的发音中，我们有两个字母发 /k/ ("c"的硬音) 的音，但却没有字母可以发 /gh/ ("g"的硬音)。这里面有历史的原因，与字母表是从希腊语、伊特鲁里亚语、罗马语（我们的棋盘游戏、元语言学）传过来的历史事实有关。但是，尽管存在缺少和冗余的现象，我们同样还是能够理解这些文字。简而言之，与其独处，不如发明些"糟糕的陪伴"。

事实上，人与人之间的互动总是不完美且充满问题的。而文字，作为这些交流的产物，从定义上来说也是一个同样不完美的系统。但是文字几乎没有不完整或不准确的地方。没有什么能阻止世界上最伟大的发明去传递（尽管方式不甚完美）。世界上最重要的东西：人类想要被理解的渴望。

5 发现

从哪里出发

四重奏

  接下来我要谈的是科学的内容：被发现的事物。这就是收益。是金子。是努力工作和脑力训练的回报。我们不是为实际应用而工作，而是为发现的快感而工作。也许你们很多人也深有体会；对于那些无法体会的人来说，我几乎不可能在任何会议上和他们交流这个非常重要的方面，情感，这是科学事业的真正推动力。如果你们不明白这一点，你们就什么都不明白。如果你们不认可和欣赏科学（以及科学与其他任何事物之间的关系），你们就无法理解——科学是我们这个时代的伟大冒险。如果你们不觉得这次冒险是多么美妙和令人振奋，你们就不能称自己为我们这个时代的公民。

这些是物理学家理查德·费曼在1963年，即近六十年前，在华盛顿大学的三场讲座中的一场中说的。[1]今天找不到其他更好的表达来传达发现的情感，我也不再添加任何东西，因为我不想用烂樱桃毁了蛋糕。

但我可以试着解释费曼在说什么。科学是同时占据情感和智力的激情四重奏：第一，在丰富的可能性中（通常会列出一个可能性清单，至少是个清单爱好者）迷失；第二，疑惑带来的苦乐参半的味道（可能也被列入清单中，也可能没有）；第三，找到规则之外的特例的快感，这通常很令人烦恼（哎呀，也许规则是错误的？）；第四，也是最华丽的——当我们找到一个优雅的解决方案时，我们会感到敬畏。第四乐章是很罕见的，让人感觉自己像个第一次骑自行车的孩子。

这里的这些东西不会让你在夜里安然睡觉，但是会让你在清晨从床上跳起来，就像pyonpyon那样（你们还记得吗？第一章里面讲过的拟声造字法，意思是"轻跳"）。做研究的人对这场四重奏的音乐非常了解，或者至少读过乐谱，并且活着就是为了去感受和聆听它，并且终其一生至少要听一次第四乐章。但要如何做到呢？

我们终于来到了现在，来到了今天的科学研究。我们穿越了发明，经历了阴影和遥远起源的黑暗。现在我们必须要谈一谈解决未知谜团的方法，或者是至少让这些谜团散去一点点的方法。尽管我们谈论的是当下的情况、当前的科学分析和当今研究方法的严谨性，但是我们的叙述将被投射到未

---

[1] 三场讲座的内容被汇总到《一切的意义》这本书里。

来：制定计划并骑上那辆自行车的时候到了。现在是谈论破译的时候了。

唐纳德·拉姆斯菲尔德

说到与文化有关的趋势，你们还记得伊拉克没有的那种大规模的杀伤性武器吗？那是2002年，当时的美国国防部长唐纳德·拉姆斯菲尔德在那个时刻说出了那句话："有些事情我们知道自己知道。有些事情我们知道自己不知道。但也有些事情我们不知道自己不知道（已知的已知，已知的未知，未知的未知）。"

当时拉姆斯菲尔德几乎受到了所有人的嘲讽和讥笑，因为从逻辑学上说我们无法知道我们不知道的事情。然而这句话被保留下来，他写了一本自传《已知与未知：美国前国防部长拉姆斯菲尔德回忆录》，有人制作了一部纪录片（《未知的已知：拉姆斯菲尔德和他的时代》）。然而，我们不知道我们不知道的事情这个想法并不是一种吹毛求疵的政治策略。这种想法被一种被称为"乔哈里视窗"的分析技术全盘接收（图5.1）。

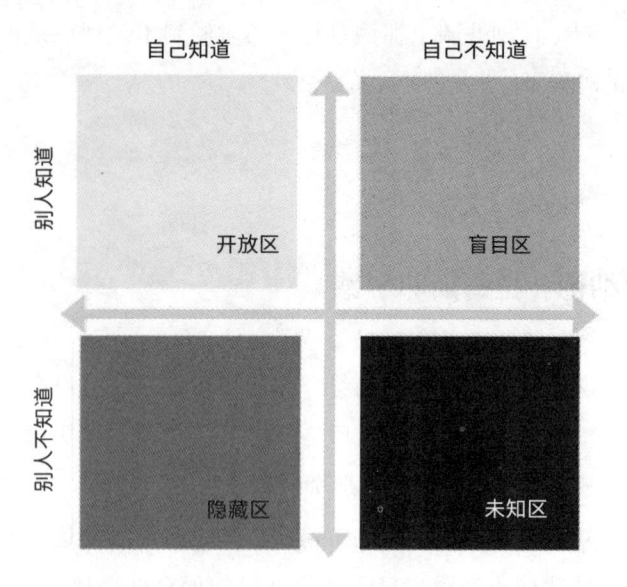

```
              自己知道            自己不知道
          ┌──────────────┬──────────────┐
   别     │              │              │
   人     │    开放区    │    盲目区    │
   知     │              │              │
   道     │              │              │
          ├──────────────┼──────────────┤
   别     │              │              │
   人     │              │              │
   不     │    隐藏区    │    未知区    │
   知     │              │              │
   道     │              │              │
          └──────────────┴──────────────┘
```

图 5.1 乔哈里视窗

乔哈里这个名字是乔和哈里的组合,以两位心理学家乔瑟夫·勒夫特和哈里·英格拉姆的名字命名,他们在二十世纪五十年代开发了这个模型。它是一种用于理解自己与他人之间关系的技术。它有四个象限,左边的对应我们对自己的了解:如果是我们和其他人都知道的内容,它就在开放区;如果只有我们知道、其他人不知道的,它就在隐藏区。我们给自己戴上了面具,并且承认面具的存在。第二列是我们不知道的内容,但别人看到或感知到的,这是我们的弱点,最后是我们不知道但别人也不知道的,那就是未知的未知,未知区,简而言之,完全未知。

我们现在玩一个小游戏,就是把这个象限换位到文字与世界语言的关系上。正如"我们"和"其他人"是两个不同的实体，"语言"和"文字"也是如此。话虽如此，但我们还是经常会将它们其中一个与另一个混淆。但是语言和文字之间有很大的区别，尤其是在解密方面，因为没人会去破译一种语言，只会去破解一段文字。所以，如果我们用语言和文字代替象限中的我们自己和其他人，我们会在乔哈里视窗中看到它们的相互关系和已知或未知的相关性（图5.2）。

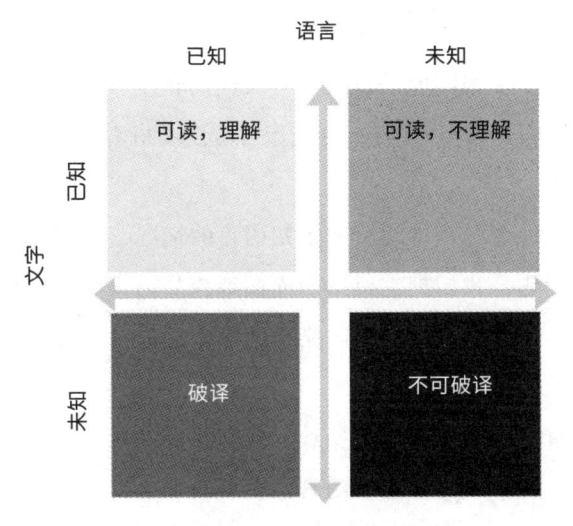

图5.2 用乔哈里视窗表示语言和文字之间的关系

在这张图里，如果我们能够阅读文字和理解语言，我们就处于透明的区域。例如，你们现在正在做的事情，即阅读这些词语并理解它们在文中的含义，就是这种理解方式的反映。然而，如果文字是已知的，但语言不是，我们只限于朗读，而不了解语言。例如，伊特鲁里亚语是一个很好的案例，我们阅读它是因为它使用了修改后的希腊字母，但我们无法重构语法结构。

如果只是文字未知，而怀疑语言是已知的，则可以放在"破译"的区域：可以解读符号的语音，并根据语言来确认符号的识别。另一方面，如果文字和语言一样未知，我们就进入了破译者的噩梦，因为只要我们找不到任何相关或相似的语言，无法将语音应用于符号，那在破译的道路上就没什么可做的了。

第一种情况，可阅读和已知语言的情况，大致相当于翻译（如果文字相同但语言改变）或代码转换（如果文字改变但语言相同）。对我来说，这就像盯着洗衣机看几个小时一样有趣。

第二种情况，可阅读和未知语言的情况，更多的是语言重建的问题，我们把它留给严谨而纯粹的语言学家、比较语言学者、传统的语言学家。交给他们来完成，这是非常辛苦的工作。

然而，对于其他两个场景，我们就可以玩得很开心。因为在第三和第四种情况周围有很多可变因素，有很多填字游戏需要解决。每一种未被破译的文字都有其特点、特质、特征和谜团。尤其是谜团，这是最好玩儿的。如果我们解开了这些谜团，它们就会引导我们去体会第一次骑自行车的孩童般的热情。

总之，就像托尔斯泰笔下那些各自不幸的家庭一样，每部未被破译的文字都以自己的方式保持着未被破译的状态。正是因为这个原因，破解者必须用"完全属于文字本身"的视角来观察，也必须接受它的缺陷。甚至我们更应该加倍认真仔细地解读这些文字。正如我们的唐纳德（还是拉姆斯菲尔德，不是特朗普）所说："和你拥有的军队一起去作战，而不是你希望拥有的军队。"

某块碑

> 象形文字铭文看起来是真的混乱。没有什么可以解释它的。完全找不到任何线索以窥探其中的意义。最矛盾的对象被放在一起，产生了可怕的组合。
> ——让-弗朗索瓦·商博良,《古埃及象形文字体系》,1824年

战斗的第一步，甚至在出发之前，在离开军事基地之前，都是对现有的数据和资料进行明确的评估。我们带着我们拥有的军队一起去作战，但我们必须非常了解它，一个士兵接着一个士兵去了解。这意味着要去了解这个文字应该放在乔哈里视窗的哪个象限里，了解它是否有相似的文字在自己的轨道上运行，它是否属于一个潜在可识别的语言家族，我们是否可以重建其历史情况并提出一些关于其使用的基本假设。在某些情况下，情况会变得更容易，但这并不会使解密更容易。我们的军队是由人组成的，人总是会做出错误的判断。

事实上，破译的历史充满了失误、错误，特别是偏见。举一个例子。

如果我问你世界上最著名的破译是什么，你无疑会回答：

罗塞塔石碑。而这或许是真的，或许是最轰动的破译。由商博良于1822年破译的罗塞塔石碑是三方双语铭文。它通过三种不同的文字系统记录两种语言：埃及语通过象形文字和通俗文字，希腊语通过字母表。

在破译之前，根深蒂固的信念是埃及象形文字是"语义图"，也就是说，它们记录的是想法，而不是声音。商博良本人对此也深信不疑，但他也感到有些不对劲。你们从上面的引文中就可以理解这一点，这段文字摘自《古埃及象形文字体系》，从中你们似乎感受到他的挫败感：这种文字如何在表意上起作用？就用这些奇怪的图标和图形符号吗？一种语言怎么可能"通过一系列几乎无法解读的隐喻、比较和谜题"来表达？

埃及文字的象似性是它对自己的惩罚。这是一个埋伏的陷阱：图片不能表示声音。我们以前就听说过，不是吗？商博良后面取得了一个理性、直接和简单的飞跃：他已经在石碑上读到了法老托勒密和克利奥帕特拉的名字。语音不可能只用于人名的书写，它应该也涉及整个文本。它不是二次使用，而是文字系统的真正"灵魂"。

你们有没有看到？人们对象似性的偏见和错觉持续了多少年，也就意味着耽误了破译工作多少年。这个案例并不是我们在破译历史上发现的唯一绊脚石。你们还记得玛雅文字为什么破译得这么晚吗？还是因为破译者对象似性的偏见。还有克里特岛印章上的象形文字？同样的问题。那么印度河流域的文字呢？同上。我们是在用错误的眼光看待事物吗？

这些案例非常清楚地告诉我们，即使在最幸运的情况下，例如象形文字，拥有双语或三语文本有助于破译，但成功的前提是破译者不会轻易相信象似性的解释性建议。①我们总是自作聪明地使我们的生活复杂化，自己给自己设置其实根本不存在的障碍，是我们自己动手造成的麻烦。即使客观事物对我们有利，我们仍然会面临政见、先入之见、已经被捏造出来的想法等等重重阻碍。我们（不仅仅是在与未被破译文字作斗争的我们）都是既定偏见的大师。这是人类最大的智力陷阱。

这是一个陷阱，我们总是不分青红皂白地掉进去；这也是一种倾向，我们总是这样固执地坚持：数据、事实、全部真相必须符合人们已经相信的想法。我们非常容易陷入这种归纳逻辑的谬误。世界必须适应我们认为自己已经知道的东西。

如果是这样的话，如果我们不能以中立和放松的超然态度来分析数据，那么拥有某块碑，依靠双语、三语、四语都是没有用的。相反地，如果我们可以心平气和地做出客观性评价，并以应有的热情和开放的态度来迎接文字，我们就可以很容易找到科学手段的第一个突破口。

如果有另一样东西加持的话会更好：一点运气。

---

① 有许多文字破译的成功案例是因为有双语铭文作为参考。例如，经典的塞浦路斯音节库，在1851年破译，这要归功于包含腓尼基语铭文的双语铭文；或是乌加里特字母，安纳托利亚象形文字。另一方面，也存在双语用处不大的情况：参见在桑塔斯维尔的皮尔吉考古区发现的伊特鲁里亚语和腓尼基语的双语铭文，它对解释伊特鲁里亚语没有多大帮助。

刮刮乐

运气在所有事件中都扮演着重要的角色，在文字破译中也一样。特别是在双语（或三语）文本不存在的情况下，这是非常必要的。但是，正如巴斯德所说，机会只会垂青于那些有准备的头脑。在我们的例子中，有准备的头脑就是习惯于严密观察现象的头脑。天知道我们错过了多少细节，如果我们曾经注意到它们……我们可能已经发财了。

30%到50%之间的科学发现都是偶然的。从最初用于治疗偏头痛的麦角酸二乙基酰胺（让我们想象一下希尔德加德在麦角酸二乙基酰胺的作用下还会发明出什么），到用于治疗肺动脉高压的西地那非，现在因为被用来帮助治疗男性的某些病症而闻名于世。只有眼力和头脑兼备的人才能把握住这些意外发现和机缘巧合，才能很好地阅读这些符号并根据这些符号采取行动。它不会发生在每个人身上。它需要前期的准备、对机会的敏感性和一定程度的固执。

总之，运气不会青睐任何人，但当它出现在我们面前时，我们必须发现它并把握住它。一旦发现线索，就要解读它。

在二十世纪四十年代末期，来自纽约市立大学布鲁克林学院的学者爱丽丝·科伯热衷于研究线形文字B。她把所有空闲时间都花在了这上面。爱丽丝像一个土耳其女人一样抽烟，常常把她所有的分析图画在"好彩"（Lucky Strike）烟盒里的薄纸板上（她对这种烟很着迷）。她非常仔细地研究了碑文上的铭文，很快就有了一个惊人的发现。在大洋彼岸，迈克·文特里斯对线形文字B也同样感兴趣，为此他放弃了建筑师的职业生涯，全身心投入到文字的破译工作中（几年后便有了发现）。

但与此同时，爱丽丝·科伯的破译工作要超前一些。从各个角度来看都是，不管是研究、推导，还是在运气的积累上。她发现了线形文字B背后的语言是屈折语，有区分格、性、数的词尾，像拉丁语和西班牙语（西班牙语中"狼"有各种形式：lupus，lupi，lupo，lupum 等；在西班牙语中"beso"（吻）是单数，复数是"besos"）。她看到了词根和词尾，她没有阅读任何内容，也没有在符号上应用语音。她拒绝做出不适当的假设，拒绝跳过步骤，这种态度是正确的。

但是线形文字B是一套音节，所以附加到词根上的词尾有一个特定的模式（图5.3）。

图5.3 线形文字B的三组词尾（爱丽丝·科伯的发现）

如果我们使用拉丁语的模式，这种词尾变化则更加直观。比如，把dominus（掌握）一词的各种词尾变化形式进行音节划分：

do-mi-nus

do-mi-ni

do-mi-no

最后一个音节具有相同的辅音（在本例中为"n"），而其后的元音根据格的不同而变化（在本例中为"u""i""o"，分别表示主格、所有格和与格）。这也意味着如果我换一个词，还是有这三种格的变化，例如populus（人民）。

po-pu-lus

po-pu-li

po-pu-lo

最后一个音节的辅音还是相同的，元音也是根据格的不同而发生变化。爱丽丝在这里展示了她的聪明才智。她发现在垂直方向上的三个词尾的元音发生变化（因为格的不同而发生变化，-nus、-ni、-no 或者是-lus、-li、-lo），但元音在水平方向上保持不变，从单词到单词都是相同的变格（domi-ni，popu-li），只是辅音发生变化。于是她构建了一个表格，相同的元音，不同辅音。她建立了关联模式，打好了基础。

迈克·文特里斯非常幸运。如果没有爱丽丝的推导，他还能否采用语音的破译方法就很难说了。他的方法就是将语音应用于线形文字 B 的符号（我们很快就会看到）。不幸的是，爱丽丝在解密前不久就去世了。几年后，三十六岁的迈克也死于一场车祸（有人说是自杀）。他们的故事结束得太快了。

但在线形文字 B 的破译过程中，两人都非常幸运。我说的幸运在这种情况下，指的是他们手上有可用的重复性案例（很多很多，并且是常规的）。这也是爱丽丝能够成功构建变格模型的原因。由于没有可用的双语作对照，也不太可能会有某种其他语言隐藏在其中（十五年前，文特里斯曾坚信它是伊特鲁里亚语而不是希腊语），该系统有可能成为文字破译道路上的地标。

我再重申一遍，迈克·文特里斯也非常幸运。科伯的"三组变位"对解密起到了很大的帮助。科伯的很多推理基于她非常相信自己的观察力，也非常关注文字形态中的重复现象。重复，在这种情况下，真的能生巧。

金子

我们已经看到了拥有潜在破译可能性的文字必须具备的三个先决条件：文字和语言存在某种程度的"未知"的对应关系，具有多种语言编写的文字版本，拥有特定类型的（重复的、示意性的、连贯的）铭文样本。现在我们来看看大家都公认的最重要的条件，也许也是唯一能决定最终的结局是落入失败的深渊，还是进入第四种幸福状态（第一次学自行车那种孩童般的喜悦）的变量。

它就是文本的数量。它才是正题，它可以带来费曼在本章开头谈到的"金子"，因为收益的全部潜力在于数量。有了大量的文本、词语和符号，即使是猴子也能破译。不是吗？呃，并不是这样。

我们可以找到两个反面案例，碰巧就是前文提及的两个孤立的分支，斐斯托斯圆盘文字和印度河流域的文字。第一个文字总共不到两百五十个符号，第二个文字的符号有数千个。两者至今仍未被破译，甚至可能永远都不能破译。怎么会呢？

斐斯托斯圆盘文字是因为它与同源系统缺乏明确的对应关系。那些试图将其追溯到克里特象形文字或线形文字A的学者们并没有取得很好的成果。凭借一些模糊的相似之处，他们的研究一无所获。在第二种情况下，也存在同样的问题，文本的数量够多，本应该非常有破译的希望。然而事实并非如此。

数量是一个重要的因素，但没有质量保证也不一定能到达终点，仅靠数量本身是远远不够的。伊特鲁里亚文字就是挡在那些相信破译"大数据"的学者面前的一座大山。那些自信的人总是认为自己是处于有利地位的，而没有很好地权衡真正有帮助的策略。

看看这个骨架（图5.4），它保存在萨格勒布考古博物馆。它被发现的时候，是被一块亚麻"裹尸布"覆盖着的，上面有二百八十一行伊特鲁里亚文字。在这二百八十一行中有超过一千三百个单词。这是一大波文字样本。这是伊特鲁里亚文字最长的文本，除此之外，还有一万多篇不同长度的文本。这是一个绝佳的符号宝藏。

然而我们的破译工作仍然在原地徘徊，我们想知道这种语言是属于哪个语族的，也想要为它重建一个形态，一个充满漏洞的语法系统。造成这种僵局的原因是什么？

图5.4 萨格勒布亚麻书，用伊特鲁里亚语写成的"裹尸布"

是文字的质量。贡品、墓志铭、咒语、刻在女式镜子上的名字。有些也是双语的，但帮助不大。不过看在上帝的分上，伊特鲁里亚文本很美，铭刻的物品也同样美，对考古学家和历史学家来说非常有用。

总之，文字的数量确实是天平的一端，我们不否认这一点，因为它使我们能够形成对阅读和语言识别假设的证实和反驳。它是具有决定性的，因为它有助于我们重建文字的骨架和语言的范式。但萨格勒布的伊特鲁里亚骨架仍然让我们很失望：矛盾的是，它的问题不在于金子的数量，而在于金子的切割。

十诫

> 亲爱的女士或先生……
> 我想请您关注一下我的破译提案……

通常我收件箱中收到的电子邮件都是这么开头的。我前面已经提到过这个现象,我知道这种邮件很普遍。那些来找我的邮件通常围绕着斐斯托斯圆盘文字、线形文字A或是塞浦路斯-米诺斯文字,但有时候也会有更加令人兴奋的文字案例找到我。就像外星人在绑架某个地球人之后发送到我们星球的太空文字,又或者所有人类语言的起源——银河系的宇宙语言。关于银河系的文字,在我收到的这些邮件中还有很多,不难想象都是些什么内容。

约翰·查德威克在二十世纪五十年代协助迈克·文特里斯破译了线形文字B。在他最后一些信件中的其中一封信中,他写道:"希望那些提出解决方案的人不要再给我写信了,我会非常感谢的。"查德威克在1998年去世前不久批阅了我的线形文字B的试卷。即使是最激烈的评论,他也很有礼貌,以一种英国式的礼节和严苛的方式来对待。

我不那么礼貌地编写了一本手册,列出了破译文字的时候不要做的事情,以防出现荒谬的想法,称为"破译十诫"。没有特别的顺序,但特别要强调下最后一点,这十诫分别是:

1.不要混淆语言和文字。它们是两种不同的东西,非常感谢。线形文字A不是一种语言,线形文字B也不是。线形文字A的语言是未知的,线形文字B的语言是希腊语。

2. 不要把两件相似的东西混为一谈。文字系统（包括相关的其他系统）之间符号的相似性并不意味着语音的等效性。这就是塞阔雅为切诺基文字所做的：把符号当作是一副纸牌，从中随机抽取一些符号，变换了语音。克里奥尔语是一种安纳托利亚方言，使用的是希腊字母，但许多发音已经发生改变。

3. 不要急于下结论。数据是中立的。关于语言解释的那些长篇大论通常都需要确认有没有偏差。在结果尚未实现之前就设定结论不属于科学方法的范畴。

4. 光"阅读"这些字符是不够的。"破译"意味着重构语言系统，即隐藏在文字背后的语法。

5. 除了严格的方法，抓住偶然的机会之外，不要遵循其他任何方法论。可以相信直觉，但要有判断依据。

6. 不要过度放大成功的可能性。只有一种解密结果是成功的，其他的都只是失败的尝试。

7. 不要提出深奥或断章取义的建议。就像阿姆斯特丹医生贝卡努斯一样，他在1580年想要证明埃及象形文字当时应该是用来记录荷兰语的。

8. 不要追求孤独的荣耀。破译领域不是出名的地方。

9. 不要参与不可能完成的任务，比如对斐斯托斯圆盘文字的破译，最后绝对是一事无成。

10. 最后的最后，重中之重，和查德威克的嘱托一样：不要给我写信。

现在我们已经知道从哪里出发，以什么样的心态面对整个旅程。让我们挥手告别，开始在跑道上滑行，准备起飞吧。

如何破译

提取

> 他正在使用一个多态引擎来修改代码。每次我尝试访问的时候,密码都会改变。这就像是在解决一个正在反击的鲁比克魔方。
>
> ——Q博士,电影《007:大破天幕杀机》,2012年

詹姆斯·邦德系列电影《007:大破天幕杀机》中的反派是一名网络恐怖分子(哈维尔·巴登,身份无法确认),他使用计算机摧毁了英国情报机构,找到M夫人并将她干掉(朱迪·丹奇,小剧透:结局很糟糕)。电影中的一些技术实际上是存在的,例如上面引文中的多态引擎。它可以在相同的算法功能上操作,将程序更改为不同的版本,例如3 + 1和6-2具有相同的结果,但使用的是不同的代码。到目前为止一切运转得十分顺利,遗憾的是,在电影里,竟然是依靠着詹姆

士·邦德的魅力才成功从多态代码中提取了整个伦敦地下地图。

不管这些密码多有趣，它们都与破译古代文字系统没有太大关系。密码学（从"加密"意义的角度来看）通过将清晰的信息转换为无法理解的形式来处理编码消息。代码被有意加密，以掩盖通信信息。代码背后的意图是保密的。相反，古代文字并不是为了这个目的而诞生的（也许伏尼契手稿除外）。如果我们仍然无法阅读它们，那也是怪罪于历史和时间的随机性和变幻无常。

然而，这两种情况的最终目标并没有太大不同。也就是所谓的"提取"。提取要做两件事：解密消息并确定其解释的合理性。提取既是获取代码的方法，也是对其有效性的"检查"。在文字破译方面，提取的过程就是破译者重建符号和声音之间的联系，并验证（或伪造）对应关系。然后，如果幸运的话，他还可以识别出这种语言。但没有哪项提取工作是单独进行的，每个案例的提取最终都必须在另一个方面进行校准，这有助于我们重建文字的语境——它被定义为一种"情境"，包括参与者（那些发明、使用和阅读相关文字的人）、他们之间的关系，环境，如何、在哪里以及为什么使用该文字。简而言之就是文字活跃的舞台。

解密文字的"情境"并不容易。我们必须进入古人的大脑，了解他们的习俗、他们的决定。我们必须假装我们是在同一个历史舞台上的演员，能够跟随原演员的台词本、编舞、动作和意图进行表演。我们必须训练自己捕捉、模仿和揣摩他们的想法。这是非常困难的，但并非完全不可能。

但在我们总彩排之前，在提取工作进行到与情境校准的那一刻之前，我们还有很长的路要走。

五支歌

杰克·尼科尔森（他真是富有魅力）的电影《五支歌》中的五首简单曲子绝对不简单：肖邦的幻想曲和前奏曲、巴赫的变奏曲与莫扎特的协奏曲和幻想曲。主人公埃罗卡·杜佩亚①，他曾经是钢琴神童，但之后放弃了音乐，走上了另一条道路。这部电影不是关于音乐的，它的主题在于，能够接受生活本来的面貌很难，要接受这个事实也很难。但是遇到挫折就放弃，任由愤怒的发泄，往往更加容易。我们文字破译的"五支歌"要比电影中的音乐练习更不简单，但它们也教会我们类似的教训。

文字破译也可以分为"五支歌"，每支歌都代表一条明确分析链中的一个步骤，分析链就好比是一件要组装的宜家家具。如果"如何组装"的指南中缺少一个步骤，又或者如果各个部分没有很好地相互连接，那破译工作则无法完成。我们使用未被破译的 X 文字作为样本，它实际上并不存在，只是作为我们复杂的技术性分析的测试样本，但分析的过程与宜家廉价书柜的组装并没有太大区别。

---

① 在电影中，男主人公的妹妹名字就叫帕蒂塔。

步骤1：清点符号。我们查看X文字的铭文，获取所有经过验证的符号，并从中提取清单，形成符号库。然后称它为字母表，但它可以是单音节（有可能）文字，包含一系列的语标（很有可能）。一旦符号库建立起来，我们就可以立即从数字中了解到它是什么样的文字。如果符号数量超过五十，X文字肯定是一种音节文字。符号数最少的音节文字是加拿大原住民克里语（只有四十五个），其次是古典的塞浦路斯音节文字（五十五个）。如果符号有数百个，我们将面临一个复杂的音节文字，可能还附带有一大批未被破译的语标。

你们会说那这第一个步骤非常容易啊，这是一个四岁男孩都能够在钢琴上弹出的C音阶，你们也可以毫无意外地做到。不幸的是，情况并非如此。我至少可以想到三种未被破译的文字案例，这些文字的第一个破译步骤仍然是一条灰色路径——复活节岛的朗格朗格文、克里特岛象形文字和塞浦路斯-米诺斯文。问题的性质是多种多样的，对于朗格朗格文来说，它包含有许多相似的符号，只是发音不同或者只是图形上的变化？关于异形字的古老问题（异形字指的是写法上略有变化的符号）。如果我写了一个R，我可以稍微改变它的形态使它成为异形字，但保持它发音还是/r/。我们已经看得很眼熟，因此可以识别出来，但如果我们不习惯，就很难区分。对于克里特岛象形文字，还有另一个问题，即图标。图标何时不再是一种"艺术"而成为文字"符号"的？也许可以简单地回答"很早就是了"，只是这个答案所有人都不同意。

步骤2：符号的分布频率。第二步看似困难，但也有可能

227

比第一步简单。一旦建立了清单，我们就需要了解符号在序列（"单词"）中的分布情况。要做到这一点，首先必须了解这些词是否彼此分开。例如，在波斯波利斯古波斯语中（楔形文字的破译曾经借鉴过该语言），单词被垂直方向上的一个楔形符号清楚地分开。塞浦路斯-米诺斯文字和线形文字A也是如此，被垂直的破折号分隔。但这不是一个一成不变的现象，古老的希腊铭文或拉丁铭文就是连续书写的。

在符号分布频率中出现的一个重要的小步骤是，在一个开音节系统里（最常见的音节类型，采用辅音+元音的结构，缩写为CV），如果一个符号总是在初始位置，它很可能是一个单元音。例如，以音节书写的单词A–MA–RE总是在开头把字符A隔离出来。如果它的结构是CV的话，就没有其他的写法。

步骤3：语法结构。第三步是爱丽丝·科伯巧妙地将线形文字B分析解剖的那一步。爱丽丝分析了单词并分解了它们。她寻找单词的词根以及后缀或词尾的构成规律。她看到了重复的现象，观察其中是否有一致的结构。她分解并重新组合，将语言的内部结构系统化，类似于做了一些外科解剖的工作。

INSCRIBE团队正在对塞浦路斯-米诺斯文进行类似的分析。我必须非常坦诚：我们公然地复制了爱丽丝的逻辑方案。不过我们运气不好，因为我们观察到的重复结构出现得不那么频繁，也不那么清晰。我们的数据也比较少（在这种情况下，如果有数量的保证，肯定可以让我们在质量上实现飞跃）。但尽管存在这些差距，我们还是设法在铭文中确定了一定数量的专有名称。换句话说，我们从文字中认识了塞浦路斯人皮诺和吉诺,并对他们在生活中的所作所为有所了解。

步骤4:类型关联("联系分析")。第四步围绕考古背景展开。如果文字X的某些铭文来自特定的环境(例如,来自圣所,因此它们具有宗教或供奉的性质)并带有我们在其他相似环境中发现的字符序列,或也出现在其他不同类型的对象上(例如,具有行政功能的物件),我们就可以看到两者之间的逻辑联系,如果幸运的话,就可以确定文本中涵盖的主题。文字中有没有人的名字?有地名吗?有重复的语标吗?是否有数词表示的具体数量?

在这个步骤中,考古学与金石学和铭文研究相结合。因此,我们可以将文本插入到它们所在的宏观背景中,以了解它们可能提供的功能。这就像在小提琴上演奏琶音,合调而自然的声音关联会产生和声。

步骤5:与其他类似文字的相关性。最后一步,至少要在原始数据上进行。并不总是能够很好地进行这一步,因为正如我们所见,并非所有文字都属于有凝聚力的群体;没有绳子束缚的狗从不成群结队,让它们重新回到队伍中几乎是不可能的,除非通过一种强制性的方法。如果某种文字是孤立的,我们只能证明它是孤立的,然后就当作孤立文字来研究。

但其他的文字,那些带着类似符号装备和行李的以家庭为单位旅行的文字,是可以借助它们的"亲戚"来进行研究的。首先,我们可以了解符号的拼写是否存在派生、调整、差异或相似之处。例如,我们的X文字可能是从Y文字派生出来的,但多了许多附加标记。这在纯粹的理论层面上也许可以证明X文字所记录的语言与Y文字的语言不同。但这都是需要证明的内容。

线形文字B派生于线形文字A，并且大约75%的符号是相同的。如果将线形文字B的语音应用于线形文字A中的相同符号，只会告诉我们后者记录的显然（不管传言是什么，这是显而易见的）不是某种形式的古希腊语。如果阅读了那75%的线形文字A，但仍然无法识别它所记录的语言，那么这要比坦塔罗斯的磨难更糟糕。但至少对于阅读本身而言，尽管是大略的，不完整的，我们还是设法做到了。

对于塞浦路斯-米诺斯文字，感谢INSCRIBE团队的研究人员，我们能够从线形文字A逐个符号（以前从未建立过）地重建起塞浦路斯-米诺斯文字的直接谱系。今天我们可以肯定地说，塞浦路斯-米诺斯文字是线形文字B同父异母的兄弟。这一谱系的重建也让我们在阅读塞浦路斯-米诺斯文字方面有所帮助。接下来就是最后一步，也是最微妙、最具决定性的一步，是破译的真正亮点：为符号指定发音。

第六步

我前面说过，我们的"五支歌"绝对是不容易的。但是你们还没有看到第六步，这才是最困难的。与其说理解起来比较困难，倒不如说是执行起来比较麻烦。所以第六步更多的是我需要去面临和解决的问题。对于那些弹钢琴的人来说，第六步相当于贝多芬的《101奏鸣曲》、肖邦的《平稳的行板与辉煌的大波兰舞曲》、李斯特的《超技练习曲》。总之，我提出了这个想法，但是这种音乐上的类比不是为了显示出知识分子的自命不凡。绝对不是。第六步是真正的音乐，因为它让我们听到了文字 X 对应的语言的声音。在第六步中，我们尝试应用了音标。

我在几页前提到了文特里斯。爱丽丝·科伯已经走到了第五步，但她错过了最后一步。不幸的是，她停在了最美的地方，再也没能看到最终出色的研究成果。但是也许，作为一个中立而超然的科学家，她曾经也有过任何怀疑或直觉，这种怀疑和直觉[①]也曾经建议她"来吧，来吧，这里面记录的是希腊语"。但这只是也许，我们永远都不会知道真相。

但是，我们都知道，文特里斯从爱丽丝手中接过接力棒跑向终点线。通过音节网格，他可以看到哪些符号具有相同的辅音，哪些符号具有相同的元音。我不想造成这样的印象，不想大家认为从那时起破译像散步一样轻松，事实远非如此：文特里斯建立了渐进的实验网格，对潜在的语音进行了假设和验证。我要提醒你们，此时文特里斯仍然相信文字记录的语言是伊特鲁里亚语，所以他已经违反了（连他都违反了！）第三条诫命。

但科学方法从不说谎。排列元音并不困难：我们已经看到，在一个开音节系统中（这方面在线形文字 B 中已经很清楚了）起始位置的元音是孤立的。在最前面放一个 a 是基本的结构：它是最常见的。文特里斯做了实验。幸运再次亲吻

[①] 破译的第五诫：跟随你的直觉，但不要听太多。

了他的额头，因为在他的CV结构的假设中，还有音节na、音节ni、音节so等等（所有仍处于假设阶段）。文特里斯观察克诺索斯宫中克里特泥版铭文中出现的字符重复现象，并发现这些音节中的几个经常被组合在了一起，形成一个结构为a-? -ni-? 的字符序列。阿姆尼索斯是克诺索斯的港口，在古希腊文本中也证明其写法为Amnisos——也许那个序列就是a-mi-ni-so? 这个序列就是与这个词相关联的？那么-no-so和哪个词关联呢？

休息一下。留个悬念。

你们猜到了吗？

Ko-no-so。没错，就是克诺索斯。答对了。

我能够想象出文特里斯在认出两个克里特岛城市的名称，然后又看到ko-no-so被用作阴性形容词ko-no-si-ja和阳性形容词ko-no-si-jo时的表情。语言是屈折的，非常典型的印欧语。这个语言就是希腊语，比希腊人的到来早了五百年，但始终是希腊语。

文特里斯几乎不需要从其他语言或文字中确认就能够提取希腊语的发音。[1]他有相当数量的文本（大约三千篇）可以使用，尤其是爱丽丝前期准备的资料和大量关于屈折语结构的材料。科伯的"三组词尾"变位的猜想，以及她前期给文特里斯打的助攻，让文特里斯完成了一个史诗般的进球（足球的比喻总是最适合意大利人的）。

---

[1] 事实上，经过对比和验证发现，古典的塞浦路斯音节文字与线形文字B有六个共同的符号。

我们在解密塞浦路斯-米诺斯文字的时候，情况也不是很糟糕。我们正在利用（相对）更简单的类别识别——专有名称来进行破译。就像迈克·文特里斯一样，就像托马斯·杨[1]一样，他在商博良之前就在罗塞塔石碑的卷轴上找到了某个专有名称，还有格奥乔格·格罗特芬德[2]，他也在波斯波利斯的古代波斯文字中找到了专有名称。到目前为止，我们已经确定了很多的专有名称。我使用了一个像线形文字B那样的轰动一时的破译案例来扩展这个故事，因为线形文字B的破译没有其他相关文字的帮助，因此必须依赖统计分析和连续的假设及验证。我们可以将其与线形文字A进行比照，我们也可以将其与后来的古典塞浦路斯音节文字进行比对。塞浦路斯-米诺斯文字位于三明治的中间，是两个清晰易读的文字之间的夹心。我们应该更好地了解整个三明治的味道。

我们还在厨房里，在准备阶段，但我们拥有所有需要的材料。事实上，直到最近，我们对塞浦路斯-米诺斯文字的理解才取得了长足的进步。我们可以依靠符号的最终清单，阅读其中的三分之二，对内部结构即语法有一个大致的了解。我们还没有弄清楚该文字背后的语言是什么，因此我们无法连接所有的要点。但到达"破译极乐"，登上那辆幸福单车的

---

[1] 托马斯·杨在文字破译名人史上的地位有点被低估了，他对破译埃及象形文字的贡献是具有重大意义的。在他曾就读的剑桥大学里，他被称为"现象"级人物，这并非巧合。
[2] 另一位著名的文字原型破译者格奥乔格·格罗特芬德是一名高中教师，具有非常罕见的分析能力。

希望，不再显得那么的空想主义。

机械降神

  本·金斯利：世界不再由武器、能源或金钱控制，而是由小数点和零，这么一点数据组成。一切都只是电子的。

  罗伯特·雷德福：我不在乎。（他走开了。）

——《通天神偷》，1992年

  约翰，这世上充满了暗号和密码，从价值数百万英镑的银行保卫系统，到普通的密码机皆是如此。只要我们醒着就得跟密码打交道。但这都是计算机生成的，例如电子编码、电子加密程序。这次不一样。这是一种古老的编码方法。现代的密码破译技术无法破解。

——本尼迪克特·康伯巴奇，《神探夏洛克》
第一季第二集"盲目的银行家"

  在弗吉尼亚州兰利的美国中央情报局总部中央庭院里，有一个"S"形雕塑，它不仅仅是一件艺术品。在它的整个表面上，有一位艺术家（与一位密码学专家合作）雕刻了四个加密代码。其中三个已经被解密，第四个仍然是个谜。这座雕塑被称为克里普斯托。各路人马都在试图解开这个密码，包括国家安全局（国家情报局的一部分，监管着一切）和各种计算机能手们。实际上，一些破译者非常依赖计算机解码，而另一些则只是用笔和纸来完成。

后者比前者好吗？他们的工作是否更有价值，因为他们手动完成了它？答案是并没有。过去破译者的光辉形象中隐藏着一个美丽的骗局，他们往往是浪漫而才华横溢的万能专家、坚定的人文主义者、精通语言的人，一手可以包办一切。今天，对文字和破译的研究已经发生了很大变化。

这个领域变成了合作场所，行动不再掌握在预言家手中。简而言之，今天的口头禅是协同合作。不仅是群体，还有思想：金石学家、考古学家、人类学家、地理学家、历史学家、认知科学家、符号学家和计算机科学家，还有语言学家。也许主要是语言学家，但定义并不重要，重点是目标和意图的趋同。

我对现在研究的描述可能比那些客观的描述更有吸引力。通常，我们所说的研究，尤其是人文研究，仍然固定在其知识的泡沫中。但是像文字这样的学科非常适合作为世界的滤镜，并且可以打破学科壁垒以更加开放的视野进行。

对于那些参与破译的人来说，的确，"传统"的古地质学、考古学和语言学方法是不可替代的。但是，如果我们没有了解就直接放弃可以支撑研究的其他方法，那么我们就是短视的。登上舞台的是一个略显复古的传统主义语言学怪咖以及深度学习的方法。

我们已经看到，基于机器的方法已应用于印度河流域的文字（IVS）和伏尼契手稿的研究，但结果并不明确。我怀疑研究人员对计算机产生了依赖，仅此而已，并不依赖于上述的协同合作，好像只有技术才能起决定性作用。但是没有人文主义者的视角，破译就没有前途。

要将这些碎片拼凑在一起，形成完整的文字拼图，需要两项努力：一项是逻辑，另一项是创造力和灵活性。

由于分析的可塑性，计算机永远无法取代人。但计算机也有优势。INSCRIBE团队致力于重建文字系统的整个发展过程，从克里特岛象形文字到线形文字A、线形文字B、塞浦路斯-米诺斯文字、古典塞浦路斯音节文字。这些文字彼此相似，我们已经看到了，但是在古文字水平（即符号的图样）和语言水平上都存在差异。其中两个，线形文字B和古典塞浦路斯音节文字，都是清晰可辨，清晰易读的，它们记录的是希腊方言。

我们的重建是多元的。它是考古学的，也就是说，它关注文字的历史背景，重建这些文字的使用环境，并在宏观层面上解释它们。但它也是古文字学的范畴，要研究字符的形状，了解它们的发展和它们的差异。它也是语言学的，要寻找记录声音的可能性，将破译方法应用于尚不清楚的文字。它也是人类学的，要寻找这些文字诞生的原因。从来没有人试图从如此广阔的角度来看待爱琴海文字。我们是如此专业，我们的研究人员，是如此地专注于细节，我们的文字如此复杂，以至于难以完全实现愿景。这需要一个多元化和协同的团队，将所有的研究成果放在一起。

我让计算机加入到研究中，然后又把它们放在一边。我这样做是因为清楚知道传统方法是第一位的，这很重要。然而，深度学习的策略可以帮助我们完成几年前无法想象的事情，监控我们手动执行的操作。

在过去的五到十年里，深度学习算法在识别不同实体或领域的相似性模式方面一直很有效。例如，可以训练计算机识别来自不同犬种的"狗"类别，或进行人脸识别、光学字符、签名验证的识别等。目的很多，但关键都是消除歧义，了解相似与否。

对于爱琴海文字，深度学习可以帮助我们解决两个基本问题：

1. 协助我们全面重建爱琴海文字谱系。
2. 检查传统方法是否正确。你们还记得在我们破译方法的第一个步骤里，在重建符号清单时遇到的关于异体字的老问题吗？深度学习就可以帮助我们核查异体字。

好的。我补充下第三个目的，因为我们雄心勃勃。我们想看看是否能找到固定的形态学模式。听起来像是在说大话，但我的意思是想要重建所有爱琴海文字的内部语法。这将有助于我们了解他们的语言相似性。

显然，我们有一个小问题：规模和范围、大数据，你们现在应该也明白了。我们的数据库其实很小。爱琴海文字只出现在少数的文本上，符号加起来总共不到一万个，这里的"总共"是指所有铭文上的所有符号。但 INSCRIBE 团队中的神经网络的专家们预想了更糟糕的情况。我们正在努力克服

237

这个问题,相信我们会成功的。

  我们的眼睛是人类的眼睛,容易出错,但尽管如此,它也永远不会被计算机取代。计算机不是机械降神。驾驶舱里除了有一名飞行员,也有一名副驾驶员,并且还有机组人员。之前我们离开了机场,系好了安全带。现在是时候起飞了。

6 伟大的构想

从前

进化

在翻页和思考明天之前,我们先回顾一下过去,简短地回顾一下。我们过去的世界是一个与我们现在的世界截然不同的世界,没有汽车,没有摩天大楼,没有耕地,没有电灯。在过去的世界里,对话是唯一的交流方式,也是存储关于所有事物、事件和情况的记忆的唯一方式。我们过去的世界是一个没有书、没有报纸、没有短信、没有屏幕、没有标志、没有路标、没有车牌的世界,是一个文字诞生之前的世界。

我们之前的状态也很好啊,不是吗?

在文字发明之前,世界一定没有那么有趣。通信只能实时进行。我们通过手势、手部动作、手指、皱眉的配合来交流,同时还必须发出声音,很多声音。

然而,想象一下,如果这个世界没有某项重要的发明,它会变成什么样子。这种想象可能会更加凸显出该发明的重要性，这也是事实。发明不会很快成为某一时刻前后之间的分水岭。发明也不会自诞生之时就伴随着改变人类命运的共识。因此，很难想象美索不达米亚人或埃及人或中国人是否看到了他们发明中蕴藏的巨大力量。我们不是机器，我们不是预言家，也不是很擅长看到全局。地球上数百万年的岁月在我们的脑海中是庞大的，而关键性的时刻只有在人们去回顾它时才会变得如此关键。

正是通过回顾，我们才能将点点滴滴的细节联系起来。相反，展望未来，我们才能看到自己还有多远的路要走。与地球四十五亿年的年龄和人类近二十万年的历史相比，文字就如同一种微不足道的原生动物，一只新生的蝌蚪。因为它太新了，无法成为人类DNA中的组成部分；因为太新了，它也无法进入我们认知机制的遗传进化环节。

文字是人类创造并传播的对象。它不是生物学上的，它没有刻在基因中。简而言之，它是一个文化小工具。因此，无论文字是以何种形式流传下去的，无论是字母表还是汉字或是日文字符，我们都必须习得它。习得对我们来说很难，因为它是一种人造工具，而不是与生俱来的工具。我们必须学习它的游戏规则。

然后，一旦人类习得了游戏规则，文字游戏就会变得无处不在，开始围攻我们。直到它成为我们思想的正常延伸。简单来说，文字的使用就变得自然而然，自然到甚至我们自己都没有真正意识到这项发明的重要性，以及文字后来对我们的影响有多大。

然而，问题仍然存在：作为一个处于最先进阶段的物种，经过数千年的原始人类生活，我们是否注定要自然地到达那一步，是否注定不可避免地与文字的发明纠缠在一起？是否可以预见到有一天，在经过很长时间的酝酿后，文化的演变最终会导致语言变得有形和物质？

答案是否定的。在文字的发明中，没有什么是不可避免的、决定论的或目的论的。

当然，如今已经很明确的是，世界上更多文化作为文字发明的独立发源地，踩着跳板一个个出现在我们面前。这些发源地表明一定有某种东西为这项发明奠定了基础。一定有什么东西为它铺平了道路，向它发出了存在的邀请。这个邀请来自哪里？我们进入了必然性的雷区。我们已经起飞了，现在遇到了湍流。

必然性

> 事实上，自然选择总是作用于偶然性的产物，否则就无处可去；然而，它在一个绝对必要性的领域运作时，偶然性是被排除在外的。
>
> ——雅克·莫诺，《偶然性与必然性》

有一天，人类决定停下脚步。他们发现，犁地带来的收获可以满足自己的营养需求，为他的家人、他的群体和饥荒时期创造生产盈余。于是人类停下来生产了大量东西，以至于使生产变得多样化。人类也开始标记他的领地：他们创造了机构、寺庙、仓库、档案馆。人类还创造了官僚机构来控制他们所有伟大的创造。一部分人使用巧妙的集权策略迫使另一部分人成为自己的下属。为了控制和管理这些下属，人类该怎么办？

"人类发明了文字"，贾雷德·戴蒙德在《枪炮、病菌与钢铁：人类社会的命运》中写道。

并建立起一个帝国。帝国可以生产大量的物资。其中哪些需要监控，哪些需要运输，哪些需要交换。我们的大脑无法容纳一切。并且无论如何，我们的时间都是有限的。我们必须考虑到这些，以及大量的数字、国王姓名、出生地、农作物、贸易、战争和债务以及法律和税收。

"这就是文字诞生的原因"，尤瓦尔·诺亚·赫拉利在《人类简史》中写道。

将必要性视为尚不存在的事物诞生的唯一原因，这本身就是有问题的。它给出了一种过于目的论的解释。发明意味着找到一个问题的解决方案，解决一种缺乏或一种需要；但如果人们并没有意识到问题或需要，怎么办呢？

不可否认，随着时间的推移，文字已成为一种必需品。到了某个时刻，它变成了达成非常特定目的的手段：成为祭祀、控制的工具，成为渴望的对象。它成为一个系统。随着时间的推移，不可避免地，它的有用性得到了认可，它不仅被用来服务于某一个目的，还被用于实现其他的目标。

历史上的伟大机构——帝国的重要性不在于创造（天知

道是谁发明的、如何发明的以及何时发明的!），而在于持久地使用这个发明，传播这个发明。但是，如果我们将数千年前发明的高潮时刻视为一个项目或一个计划或一个深思熟虑的方案，那我们就错了。

几乎没有任何发明是在单一目的的支持下诞生的。

不要混淆原因和结果。文字不是为了这个或那个原因，为了宗教、占卜、官僚主义、数字而诞生的。它不是为了做某事而生的，它的诞生是为了做一些更普遍的事情。文字给我们和我们周围的事物命名，并保存它们；但这不是目的，它是一个事实，它是一种实现。这就是文字的作用，仅此而已。

文字是看得见摸得着的声音，因此它与我们的感官系统、我们的耳朵、我们的眼睛、手和舌头密切互动。这并没有使它成为一种与生俱来的能力，它与感知有关，与世界的滤镜有关，也与构成世界的一切有关。它与万事万物有关，具体的、创造的、身边目之所及的，以及抽象的、想象的事物。

文字与其他已经存在并且活着的人类发明有关：艺术、图标、符号、仍然没有名字的抽象字符。这是它的自然延续。所有最初的文字都来自一个已经建立的强大的图像基础，这并非巧合。从绘画，从印章，从标志，从纹章符号。艺术与最早的文字符号都是从同一个大熔炉中捞出来的，这绝非巧合。在中国、埃及、美索不达米亚，还有其他地方，克里特岛、印度、复活节岛，有很多例子。这就是文字的源头，这就是人们学习有序代码的开始。

人类从已经存在的东西、艺术、符号、所有抽象的事物中提炼出文字,也从人们对世界的感觉,从耳朵、手、舌头、眼睛中创造文字。也许这是人类做过的最大胆的实验之一。

文字激发了人类令人难以置信的好奇心。在好奇心的驱使下,人们通过实验和各种各样的方法去了解自己还不了解的东西。文字是这种好奇心、这种直觉、这种走向更远的动力的直接体现。如果非要谈必然性,那我们就谈这个:不可阻挡的、不求解决方案的创造冲动。

记忆

提一个关键的论断吧。我们没有文字也照样可以活得很好。在我们的大脑中,有一个看起来像海马的部分,它可以调节长期记忆。在文字发明之前,甚至之后,在口头是唯一交流方式的文化中,人们都是依靠海马体的力量来训练它。

记忆是一种可塑性的、选择性的、特定的现象。神经元的突触不断变化,寿命并不长,大脑蛋白质的持续时间非常短。大脑中的一切都在运动,尤其是海马体,这里是形成新神经元的唯一区域。然而,我们的记忆不是短暂的,当我们回忆时,记忆就会重新出现,尽管记忆一直都在变化。

米尔曼·帕里是口语理论研究的先驱。他是最早注意到荷马诗歌的公式化性质、重复模式、固定表达方式(玫瑰色的黎明、酒色的海、阿喀琉斯的脚踵)的学者之一。在古希腊时代,基于叙事框架的变奏和即兴创作蓬勃发展。但不仅在希腊，帕里前往南斯拉夫找到了能够背诵数千行诗句的吟游诗人，聆听和记录了他们的吟唱。其中一个吟游诗人阿夫多·梅德多维奇能够背诵五十八首不同的史诗，共计八万多行。但是阿夫多并没有逐字逐句记住所有内容，他记住的只是一份大概的草稿。在草稿的基础上，他围绕主题演绎变奏曲和赋格曲。

在荷马之前，在希腊、克里特岛和迈锡尼，我们的抄写者永远不会梦想着用线形文字B的音节来叙述诗歌和史诗。线形文字B一般在宫廷中使用，用于记录烦琐的经济交易。不同的是，诗歌是歌手、吟游诗人、演奏者和舞者的主题。这是宴席的聚会，是音乐的节奏，是脚踏实地的敲打声，没有必要为唱歌和跳舞创造文字。可惜的是我们没能看到这些"迈锡尼"诗的遗迹。我们只是假设它的存在，我们有线索并且这些线索是合理的（荷马的一些诗句非常古老，肯定是来自迈锡尼时代）。

但这些诗句没有被写下来。抄写诗句，拿"笔和纸"把它写下来，听起来就觉得没这个必要，也没有人认为是有必要的。尽管当时已经出现了一种成熟的、可用的文字形式。如果好好想一下，就会明白为什么会这样：你们会转录你们听到的歌曲的歌词吗？也许你们会在日记、社交媒体或文身上写上一些印象深刻的句子。但是，你肯定没有复制它来学习，因为你们已经学会了它，甚至可能是记住了它。你们的海马体在自然条件下完成了这项工作。

记忆具有令人难以置信的潜力。在它的面前，每一种文字，即使是最神秘、最引人注目、最有趣的文字，都充当了附录，变成了人为的延伸。柏拉图很早就已经有了这个想法。事实上，他也更加敏锐，因为在文字的发明中，他看到了引发某种真正疾病的有害根源，这种疾病"会让人遗忘。学习了文字的人将停止记忆训练，因为他们相信文字，他们将不再从自己内部，而是从外部，通过外来的迹象将事物回忆起来"。

斐德罗的观点也是如此。他全盘谴责文字。不过现在看来他的问责也是有道理的。我们现在都会使用手机，手机也成为人类大脑的延伸。我们不再去记忆电话号码，我们会将密码保存在应用程序中以免忘记。我们努力在没有文字的情况下建造文明的记忆宫殿。

我们仍然在希腊人中间，他们对记忆的研究略有建树。根据西塞罗传下来的故事，抒情诗人西摩尼得斯发明了一种强大的助记方法，并利用它来识记那些被邀请参加宴会的客人（后来这些客人都不幸被倒塌的天花板给当场砸死了）：西摩尼得斯从他的视觉记忆中检索客人在桌子上的位置，对他们的座位进行大脑移动摄影。

由此就诞生了位置记忆法（Loci），现在仍然有人在成功地使用该方法（比如，福尔摩斯也在使用它）。做法就是将我们想要记住的事物与空间中的特定点相关联。为了回忆它们，我们在脑海里回溯了关联路径，即对象和位置之间的空间关系。所以我们像西塞罗一样，记得在我们的演讲中要说什么，在超市要买什么，一周里有什么任务在等着我们，我们有什么线索可以识别凶手（在福尔摩斯的案例中）。总之，回忆的还是清单的内容，只是没有把它写出来。

记忆可以自由地在物理空间中移动，这一点现在也得到了科学界的证实。海马体不仅服务于记忆，还服务于空间移动和想象未来体验的能力。神经科学家莫泽与同事奥基夫一起发现了负责空间定位系统的神经细胞，我们大脑内部的GPS（定位系统），它告诉我们的位置以及我们在移动时必须走哪条路。他们获得了2014年的诺贝尔生理学或医学奖。

　　记忆的潜力似乎一直在浪费。我们的情况正如柏拉图的预言，早早地就应验了。预言是对记忆的谴责，警示我们这种发明背后存在的危险，导致遗忘和健忘的危险。

　　文字改变了世界的面貌，这是不可否认的。但是在进化过程中，从必然性的角度来说，根据人体的记忆结构，我们也可以没有它。这些仍然只是魔鬼的鼓吹和挑衅。我们知道，文字已经彻底改变、简化并加速了我们保存数据的能力。然而，这并不能使它成为一种易于操纵的工具，也不能成为一种灵活多变的事物，更不用说是一种快速的现象。根据某些人的说法，这也没有使它成为世界上最伟大的发明。

后来

姗姗来迟

"由人类在地球上制造"。埃隆·马斯克是一个神奇的人,总是给我们带来各种惊喜。2018年,他将特斯拉跑车发射到太空中,假人握着方向盘,现在跑车已经沿着轨道完成了绕太阳一周的行程。跑车的仪表板上就印着本段开头的这句话。这段文字可能是人类有史以来高估外星智能的最好例子。对外星人来说,要理解这些字符是文字,还承载着一条信息,这已经是负担了。除此之外,他们还要知道信息的内容,包括"制造""人类""地球"这些字母拼出的字眼,但愿吧。这有点让人想起翁贝托·埃科讲述的关于符号学家托马斯·塞贝克的故事。托马斯在1984年接受了美国核管理委员会的咨询。核管理委员会此前在美国的沙漠中储存了接下来一万年里可用的一些放射性材料。咨询的重点是要设计一个系统,可以向后世传达"请勿停留"的信息。事实上,几千年来,文明、帝国相互依存，有些民族相继灭亡，我们如何将这一点传达给外星人，他们是否会来？符号学家陷入为难的境地，人类惯用的各种交流方式，如口头交流、电信号、嗅觉信息、表意文字等等，全都不可行，甚至象形图也不可用。唯一的解决方案是创造一个故事并使其流传下去：将有关放射性危险的叙述传递下去，围绕这个主题建立一些神话和传说。

很奇怪的是，语言是人类社会同时具有本体、丰富性、高效性和稳定性的唯一代码。我们本可以创建无数其他系统，甚至是世界通用的系统。然而，语言成为了主角，成为了互动和对话的女王。当她以对话的形式与在场的对话者同步时，她非常有效率。她是一个非常成熟好用的代码。

文字，记录语言的代码，没有语言那么成熟。它来得比较晚。它是一场缓慢而渐进的海啸，在其创造的温床中孵化了数千年，然后淹没了整个世界，像野火一样蔓延到各大洲。然而，它不仅耽搁了很久，而且迟到了。"迟到"是一个相对的概念，但如果我们把智人大约二十万年的语言历史与文字五千多年的历史摆在一起，这种时间的失调就很明显了。也就是说，当人类已经交谈了数万年之后，文字才姗姗来迟。怎么会这样呢？

要理解这一点，我们必须了解书面交流的工作原理，但不仅限于与文字相关的内容。所有不记录语言的代码、我们已经看到的符号图谱、标志、助记符系统，它们可以包含的信息量非常有限。文字的先驱——无名的图标及其局限性为我们提供了方向，从中可以了解到公元前4000年之前文字的发展遇到了什么样的障碍。

问题也许正是出在代码的固定性上。事实上，文字本身是个重型装甲，其中包含了一个与文字非常不同的东西——语言。语言是敏捷的、动态的、交互的和快速的。文字不仅生得晚，而且奏效也晚，运行得晚，还很慢。总结就是一句话，两者的发展是不同步的。

不同步

我们非常擅长发明通信代码。世界上有七千多种语言，许多濒临灭绝，但它们的数量还是很多。语言（无论是否与生俱来）是普遍的，图形代码不是。它们更加稀有，它们是后天塑造成为那样的。

语言很迅速。我们把语言想象成一名以不可阻挡的速度在时间和空间中攀爬、跑步、移动的运动员。相反地，文字有一个沉重的外壳。文字不仅慢，而且不喜欢变化，也有些保守。你的脑海中是不是出现了阿喀琉斯和乌龟的形象？不，不完全是。在这个情境下，阿喀琉斯跑得还要更快。

口语同步（在同一地点、同时、面对面）交流与书面交流有明显不同的地方。当面交流有一个很大的好处：如果参与者彼此不理解并且信息没有传达出去，可以随时纠正和打断。只要停下来，再问一次，更正一下，传达的内容就补救回来了。

文字没有这种灵活性，因为它是不同步的。书面符号可以在作者不在场的情况下被读取和恢复。没有参与者在场可能会使事情变得有些困难，因为任何不清楚的东西都无法修复。无法及时交流，无法进行类似于"我不明白，你再跟我解释一遍"的争辩，这些常常成为书面交流的大问题。为了进行良好的沟通，超越时间和空间，超越此时此地的直接交流，需要一种强大的手段，一种必须精确、有效且（最重要的是）稳定的代码。稳定，就意味着需要很长时间的积累，来之不易。

这是科学的观点，不是我一家之言。我们是为对话而生的，而不是独白。我们生来就需要交谈。不过，我们不要把它想得太简单。对话也有它的问题：它从来不是线形的，它可以是零碎的、椭圆的。计划要说什么并不容易，因为你永远不知道对方会说什么，你要说的话还必须适用于你面前的对象。要注意的是，这一切都发生在没有良好的结构的情况下。但它是有效的，正是因为它是灵活的。你们可以试试用图形代码进行相同的对话：不太容易，对吧？这就是为什么交谈很容易，而文字却很难。

信箱

但是。我要以一个转折词开头。因为无论文字多么困难，多么保守，多么缓慢，它已经改变了我们每个人。从内到外。我不是在谈论作为集体革命或文化革命的文字的发明；或者我们的记忆或我们的历史的系统，个人的或共同的；或者作为意识形态、政治、宗教的工具；或者作为一个特殊的秘密，作为一个单独的代码。

我说的是我们每个人的变化，这源于我们人类文化的进化。不是自然的，是文化的进步。五千多年来，它甚至明显地触及了我们的神经元。阅读对我们每个人都产生了巨大影响。

大脑核磁共振的实验表明，学习阅读可以重新配置认知系统。观察书面符号会激活大脑皮层的大面积区域，并且在识字的个体中表现得更为突出。涉及的区域包括右枕叶皮层（它处理视觉感知）和枕颞皮层的焦点区域。这个区域被称为"视觉性语言中枢"，正是因为它能够积极地对书面文字做出反应。这就好比是你们此时正在阅读的文字的信箱。它现在正在运行。

文字还太年轻，还没来得及改变我们的DNA。它也没有从头开始创建认知系统。在文字发明之后，我们大脑的操作系统并没有被重新设计，但它还是引发了一场革命。我们的神经元已经学会了再利用旨在接收其他信息内容的部分，并使用它们来接受符号。原本用于识别物体形状和轮廓的区域已被重新用于区分文字符号的形状。反过来，在历史的进程中，这些符号并非通过自然引导，而是出于纯粹的需要，也适应了我们大脑利用有限的轮廓和片段扫描周围世界的方式。

出于这个原因，二维码，即将物体与虚拟世界相关联的黑白方块，可以被智能手机完美识别，但对于我们的视网膜来说，它是无法辨认的。

轮子之后

因此,在展望明天之前,我们到达了一个结论的部分。我们总结一下。尽管存在诸多缺陷,诸如拖延、缓慢,但文字的发明真的彻底改变了历史吗?它真的是世界上最伟大的发明吗?

不要问我。一想到这个,我表示同意的偏见就会狂热起来。你们去随便问一个人吧。例如,问问瑞典人。

斯德哥尔摩科技博物馆有一个大房间,里面有一百个展示柜。这些展示柜里陈列着代表有史以来最重要的一百项创新发明的物品。展品的选择是根据瑞典公民(分为成人样本和儿童样本)进行的一项调查的结果决定的。在前一百项发明中有我们最常见的物品,我们最期待的发明——互联网、汽车、灯,但也有一些意想不到的东西,比如滑板、化妆品、锁。简而言之,里面的展品五花八门。

产品的排名顺序按照与每个发明相匹配的重要性顺序排列。根据被调查的成人样本,世界上最伟大的发明是轮子,其次是电、电话和计算机。对于孩子(十一到十二岁)来说,"伟大程度"的顺序有点不同:首先是电脑,其次是汽车、电视和手机。

那文字呢?你们准备好听结果了吗?

成人组排名第三十位,儿童组排名第三十八位。文字就排在拉链下面一点,在炉子的很下面。至少它出现在真空吸尘器之前……成功的发明。

然而,在这份非常瑞典式的名单上,有许多发明,如果让我来排,都会排在文字后面。但是它们却堂而皇之地排在前三十位:计算机、互联网、纸媒(第十八位!)、时钟、笔。要知道这些工具,如果离开了文字,就没有多大用处。

它们是工具,但文字不是工具。对于埃及人、玛雅人、中国人、美索不达米亚人来说,文字是众神的女儿。对于孤独的发明家来说,文字是揭示的秘密、上帝的礼物、启蒙的力量。

对我们来说,它是神奇的。我这样说不是为了浪漫,而是为了科学。因为你们现在正在做的事情真的很神奇。我想说的就是"字面意思"。你们正在阅读单词和短语,你们甚至没有注意到自己阅读的速度,"处理"书上所写内容的速度。文字的神奇之处就在于可以让你进入到一个不在你身边、不和你说话、不回应你的人的脑袋里。不同步的交流,是的,但这是多么美妙的事情!但它是不完美的魔法,因为理解不是一蹴而就的,它必须权衡,必须质疑,而且存在错误的余地。但正是在那个思考中,它的完美之处尽显。文字的革命性就在这场对话的沉默中。

这件事情轮子干不了,电也干不了,互联网也不行。但是文字做到了,你们也做到了。

明天

图标，续集

在这本书的开头，我要求你们看看周围的事物。现在我请你们看看这些字母：

a b c d e f g h i j k l m n o p q r s t u v w x y z

这些我们称之为字母表的字母。把你们的目光聚焦到窗外，向上，超越屋顶，山脉，掠过的飞机，云层，平流层，以及人类第一次拍摄到的黑洞，距离我们五千六百万光年。文字的发明不过是世界历史上的一个点。今天无处不在的字母表，在我们的进化过程中是一个更小的点。一种附带现象，一次半路的意外，一个小亮点。

现在看看这个符号：

@

艾特。

它首次出现在1345年的手稿中，目前存放在梵蒂冈。在单词阿门（amen）中替换了字母"a"。这个字符后来也进入了各种语言。意大利语的chiocciola（蜗牛）、英语的at（介词"在"）、希伯来语的strudel（馅饼）、希腊语的papaki（小鸭子）、荷兰语的apenstaartje（猴子尾巴，还真的有点像）、捷克语和斯洛伐克语的zavináč（腌鲱鱼）、丹麦语的snabe-a（大象的长鼻）。还有在波斯尼亚语中，@被称为ludo a，意思是"疯狂的a"。在保加利亚语中，@有各种各样的叫法，比如klyomba，意思是"写得不好的信"，maymunsko a（猴子"a"），maimunka（小猴子）或banitsa（典型的保加利亚卷甜食）。还要我继续举例子吗？

你们从中得到了什么启示？我们的大脑非常喜欢字母表的字母，它们是如此简单、如此稀有、如此灵活。但我们的喜欢也有一个限度。当我们对象似性的内在需要突然出现的时候，单纯的文字就无法满足我们了。

这个时候我们需要的就是图标。这就是我们发明表情符号的原因，这也是我们不会放弃使用图标的原因。在以网络为主要交流方式的数字时代，表情符号可以很好地传递出我们面对面交流时所使用的手势和表情。

没错，就是面对面。我们有一种紧迫的需要，几乎是强迫性的，想要看到面孔的需要。我们需要看到感官反应来帮助我们识别面孔和他们的表情。这是一个功能性问题：在充满面孔的世界中，能够有效识别面孔的感知系统是一种优势。出于这个原因，即使在没有人脸的地方，我们也能看到面孔，例如山脉、汽车的前灯、云层、油渍、蒙克的《呐喊》，几乎随处可见。

识别面孔是我们的痴迷，这并非巧合。我们需要它来了解对方会做什么或说什么。我们需要它来解释，来帮助我们进入对方的头脑，预测对方的动作。这解释了那些面部表情符号的出现。还有"象形"表情符号，例如苹果、心、蜜蜂、玫瑰、气球——它们是面部表情符号的自然延伸。

我们需要图标，我们需要看到事物，而不是拼写它们。现在这些象形表情符号越来越多地运用同音异义的方法来表现（你还记得用蜜蜂符号来表示开胃酒吗？），尤其是在英语中，这种同音异义的方法使用起来更加简单。

表情符号不是，也永远不会成为书面语言。但是，它们是必要的，它们可以让我们寻回在字母表的千年发展中一直伴随我们的东西，但由于进化限制的原因，我们没有合理强调的东西——我们对象似性的需要。

这就解释了为什么表情符号受到追捧而速记法却已经死了。

死去的文字

一百年后？文字还会存在吗？

1900年，美国土木工程师约翰·埃尔弗雷思·沃特金斯对2000年世界将发生的变化做出了许多预测。他在一本女性杂志上发表了这篇文章，就是那些我祖母年轻时候会读的杂志，《妇女家庭杂志》。这篇文章很有启发性，因为它包括了数字化的发展（显然它没有使用"数字化"这个词，但很接近），涉及远程通信、移动通信和即时通信（电话、电视和屏幕），总之就是我们今天都已经成为现实的这些技术。

　　然而，在其他某些事情上，他没有猜对。例如在字母表的使用上，沃特金斯认为字母表会丢失字母"c""x"和"q"，因为它们是不必要的。他对这些字母的判断是有道理的，只是预测的时间过早了，还没有发展到那一步。但这也不是他的错，所以你们看到文字发展得有多慢了吧？[①]对遥远未来的预测总是很困难的，可怜的沃特金斯。我们也来做一个同样的游戏。如果人类到一百年后还没有完全灭绝（按现在这个速度，没灭绝的概率很高），会发生什么样划时代的变化呢？

　　这样的话。海洋不仅可用于养鱼，还可用于养殖藻类，这些藻类将用于可再生能源。人工智能将超越我们，这在意料之中，因为这种现象已经有了一个名字，即奇点。然而，遗传学和生物技术将通过智能技术来弥补，使得人类获得永生——我们将意识加载到计算机上，我们将永远活着。或许

[①] 这不是他预测中唯一一个不准的。沃特金斯还认为2000年的大城市里不会再有汽车，不会再有苍蝇和蚊子了（的确很多城市的历史中心都设有步行区，而关于昆虫的预测，沃特金斯展望的可能是更远的未来，也许是2100年？）。

我们真的能活到死亡的概念死亡的那一刻。

我们继续。

计算机-大脑的界面即将完成。忘记虚拟现实吧,这里我们谈论的是神经现实、直接的生物联系、完全共生。纳米机器人将从内部修复我们的细胞,同时记录我们的记忆和我们的历史。我们将能够通过心灵感应进行交流,以电信号的形式进行合成心灵感应,当然,不是通过话语。

那时这些话语将几乎全部消失,因为当今世界上的七千种语言及其所有庞大的词汇将灭绝。英语、西班牙语和汉语以及可能存在的它们的美丽混合体(比如西班牙式英语),会成为世界上仅存的语言。

紧接着。

我们将增加记忆容量,通过神经扩张进行交流。也许我们也可以自己远程传输。这些场景将不是科幻电影情节。它们就在拐角处,即将出现。

那文字呢?它在这一切中处于什么状态?一百年后,书籍将不再以印刷形式存在,甚至会不复存在。也许出版社也将不复存在,包括费尔特里内利(Feltrinelli,意大利的出版社)。世界上不再有纸张,不再有报纸。一百年后你们不会在那里,我也不会,没有人能够来查验这本书里的这些预言中的任何一个是否会成真,除非到时候还有一些复古的藏书家。

但有些东西不会覆灭,这种东西叫做情绪。我不是在谈论表情符号,我谈论的是我们的大脑和我们的进化。

两亿年来,我们的情绪大脑一直在建设中。我们的"理性"皮层,也就是我们的认知装置,大约在一百八十万年前出现。我们语言符号的发展比这还要晚。而情绪几乎和世界一样古老，是我们人类本体中最重要的东西。

它们的存在先于语言。恐惧、愤怒、欲望、痛苦。我们必须交流它们，才能生存，才能团结，才能前进。我们必须以某种方式存放它们以备将来使用。我们可以将它们交给现在热门的语音消息、音频视频、有声读物。我们可以让时间替它们发声。但时间就是空气形成的一口气儿，空灵而短暂，吹一吹就散了。

我们回到四万年前的图像时代。洞穴上的旧石器时代标志。我们仍然能看到它们。它们就在那里。它们是那些可能想要永远被记住的人留下的情感。只要有情感，文字就会长存。

活着的文字。

后记

从青年时代起,司汤达就知道他将成为作家。如果不是基于他"以后"写的作品,他的行为真的是非常狂妄自大,甚至是谵妄到了极点。他非常清楚自己有很多话要说……他将自己疯狂的笔墨作为一种让生命在空间里扩张的方式。因为他觉得自己的生命受到了时间短暂的威胁:他要在触手可及的任何空间里留下自己"生命的痕迹"(尤其是目前存放在米兰索尔马尼图书馆的布奇基会的物品,存放在里面写有密文的粉盒或烟草盒)。他的这种密文是一种通过隐藏这些痕迹来使这些痕迹变得明显的方式。在秘密和谜题的形式中,这些密文被放大,变得有趣。司汤达的书写和密文这两种爱好属于童年和青春期:从文字的发现到文字的内化和再创造。一个孩子会到处写字。青少年则总是倾向于发明一种"秘密"的文字。

——莱昂纳多·夏侠,《马约拉纳的失踪》

> 我还记得我在贡布雷是如何在思想面前小心地保留某些曾经打动过我的物体的形象的（一朵云、一个三角形、一座钟楼、一朵花、一块石头）。我感觉在这些符号下面一定有一些不同寻常的东西，我应该去发现它们以象形文字的方式所要表达的含义，尽管它们看起来只是一些物质对象。当然，这样的破译是困难的，但也是唯一能给阅读带来一些真实感的。
>
> ——马塞尔·普鲁斯特，《寻找失去的时间》
> （《追忆似水年华》第七部《重现的时光》）

这本书和一些古老的文字一样，是一个实验。它是用说话的声音写的，大声地重复着我半生读过、吸收过、学习过、研究过的东西，就好像文字从来没有存在过。我使用的大都是我教学生时使用的词汇，还加入了课堂讨论，晚餐谈话，与朋友、同事和亲人闲聊的随机摘录。我已经简化了很多，但这并不重要。我用我的声音写作。就好像，在起草的过程中，字母、按键和整个键盘都是一个个障碍，都是一种动作太慢的努力。

我希望这本书最后出版的时候就像大声口授出来的那样。出于这个原因，这本书应用了刻意的口头形式，以体验文字承载的重量。

这个实验的结果是，在我自己几乎没有意识到的情况下，我成功避开了我正在写的东西：我摆脱了这本书的主题。最后，我想我这样做是为了听取别的东西，与其说是"文字"，不如说是让我们团结在一起的东西，我们共同拥有的东西。

那个使我们能够通过精确的（常常是不精确的）书面声音传达我们感受的东西。也许确实如此，如果文字的发明不与情感、心灵，不与我们所有人都必然联系在一起的事实相关联，那么它就毫无用处。

另一方面，感谢也是必不可少的，但它不可避免地以不公平的方式收场，因为适合塑造感恩和感谢的词总是不准确的。那么我要先感谢一波。谢谢那些不可预见的事件、误解、错误的巧合、错过的火车、延误的飞机、工作中的困难阻碍。多亏了它们，我才觉得这本书的创作非常有趣。

对于我的朋友们，我只留下些名字。不过只要把它们刊印出来，本身就是一段精彩的文字：持久的、可靠的、坚定的名字，就像这些朋友给予我的支持一样。埃琳娜·卡瑞塔、马蒂亚·克雷斯皮（感谢您一遍又一遍地阅读、评论和建议！）、埃琳娜·杜西、拉拉·布朗克施泰纳。还有阿莱西娅·迪米特里，您是第一个提出要写这本书的人，还有卡米拉·科塔法维和乔瓦娜·萨尔维亚。非常感谢各位。

我的超人团队、不屈不挠的INSCRIBE团队成员：芭芭拉·蒙泰奇、米格尔·瓦莱里奥、罗伯塔·拉瓦内利、安德里亚·圣玛丽亚、米歇尔·科拉扎、洛伦佐·拉斯蒂拉、埃莱奥诺拉·格拉苏奇、利维亚·比吉、里卡多·戈博、阿德里亚诺·弗拉戈梅尼、戴维德·法奇内利、阿里斯·阿纳格诺斯托普洛斯、埃莱奥诺拉·塞尔维。还有INSCRIBE科学委员会的成员，其中包括杰拉德·本尼尼、法拉德马西莫·沃格利安和亚历克斯·德·沃格特。

然后还有，排名不分先后：阿尔贝托·里戈利奥、亚历

265

山德罗·席耶萨罗、艾琳·博佐尼、朱塞佩·西卡罗内、帕特里齐亚·坎波隆戈、拉斐尔·路易斯塞利、弗朗西斯卡·罗马纳·贝尔诺、埃马努埃莱·米奥拉、法布里齐奥·马加罗利、埃莱奥诺拉·利塔、莫迪尼亚尼、朱利亚·比菲斯、卡洛·莫西娅、露西拉、布鲁纳、吉格特、格雷森、露西亚和我即将在本书出版时出生的第三个侄子、基亚拉。你们多年来的支持是我最大的收获。

非常感谢博洛尼亚大学的古典和意大利语言学系以及罗马大学高级研究学院,这本书最初的想法就是从这里开始的。感谢弗雷德里克·哈伦和"创意岛"项目,完美宁静的绿洲。感谢罗马圣心会,阿尔贝托·图廷·卡特尔多神父,埃里克神父和卢安娜塔西,在我们无数次扫描朗格朗格文的过程中一直非常友善和耐心。感谢沙穆瓦的美妙空气,我在这里完成了这本书的最后几页。

后记的最后是要写给我的父母的。感谢我的父亲,他用他非凡的同情和智慧在很多方面激励了我。还有我的母亲,自从我学会了写作以来,她就一字不落地认真仔细地读我写的东西。

最后,这本书要献给安德烈·泽尔比尼,他如今已经不在这里,但仍然坚定着他的信仰"知识是我们唯一为之而生的东西"。这本书从头到尾都是献给他的。

插图来源

鸣谢以下个人、出版物和博物馆提供插图（排名不分先后）：

西尔维娅·费拉拉、克里特岛伊拉克里翁考古博物馆、《线形文字 A 铭文集》第 5 卷、法国雅典学院、塞浦路斯博物馆、罗马圣心会总档案馆、大英博物馆、邓肯·波帕德、埃及博物馆、大马士革国家博物馆。

大都会艺术博物馆、加林娜·杰尼斯凯维奇、华盛顿特区史密森尼学会国家自然历史博物馆人类学系、耶鲁大学贝内克珍本和手稿图书馆、《塞拉菲尼抄本》、马丘比丘博物馆、巴基斯坦国家博物馆、尼古拉斯·费伊。

©交互研究，约翰·本杰明出版公司、爱丽丝·科伯《米诺斯文字：事实与理论》、《美国考古学杂志》第 52 卷 97 页图 8、萨格勒布考古博物馆。